Decretos poderosos

CAMBIARÁN TU VIDA

Decretos poderosos

CAMBIARÁN TU VIDA

Akari Berganzo

Título de la obra: ***Decretos poderosos** cambiarán tu vida*

Coordinación editorial: Gilda Moreno Manzur
Diagramación: Abigail Velasco Rodríguez
Portada: Víctor Gally

Av. Cuauhtémoc 1430
Col. Santa Cruz Atoyac
México DF 03310
Tel.: 5605 7677
Fax: 5605 7600
www.editorialpax.com

Primera edición
ISBN 978-607-9472-37-5

Impreso en México / *Printed in Mexico*

Dedicatoria

A la memoria de Mónica Benítez Saltijeral, por la enseñanza de vida que su historia dejó a quienes conocimos las circunstancias en que se desenvolvió en su ámbito personal antes y durante su largo proceso de evolución y de sanación. Gracias por haber participado en su momento aportando tu pregunta, tu sinceridad y tu respeto para este material. Que tu alma more libre y plena en cada instante.

A toda alma que haya expresado en su propio ser las condiciones más adversas que en ocasiones supone el proceso evolutivo.

Espero que ningún ser humano deba transitar nunca más por la senda del odio, del desamor, ni el dolor, anhelando que cada alma abrace el perdón, el amor y la sanación.

Con profundo respeto.

Akari

Agradecimientos

A Gerardo, por tu apoyo a lo largo de esta aventura, por darle el voto de confianza al material, y por ser el ser humano que eres y con el cual es un privilegio trabajar.

A Danu, por tu objetividad durante el proceso de cada libro, por ser altamente capaz en tu trabajo, por perseguir los asuntos y por ser lineal entre tu pensamiento y proceder.

A Gilda, por su apoyo en la corrección del material.

A todo el personal de Editorial Pax, por su apoyo en cada paso antes, durante y después de la publicación de cada libro.

Índice

Parte 3 Decretos para crecer

Primeras palabras de Saint Germain

Los decretos son una gran herramienta de apoyo en el proceso evolutivo de la humanidad. Por esta razón comparto contigo otros valiosos decretos con los cuales podrás trabajar para mejorar tu existencia y los ámbitos asociados a ella.

En este libro presento los decretos derivados de una charla que mantuve con algunos de ustedes, aquellos que decidieron participar remitiéndome sus preguntas. De tal modo, el presente material está conformado por diferentes preguntas planteadas en una entrevista sobre temas evolutivos relacionados con la metafísica y con los decretos que aquí encontrarás; asimismo, presento otros decretos orientados a apoyarte en tu crecimiento como ser humano.

Espero que este libro te resulte de utilidad y contribuya a tu bienestar espiritual y físico.

Recibe siempre mi sincero amor, protección y ayuda.

Tu sincero y fiel hermano.

Saint Germain

Palabras de la autora

Gracias a los valiosos comentarios que los lectores nos hicieron llegar en torno al libro *Yo decreto*, ahora presentamos una nueva publicación que, si bien contiene decretos, no es una réplica del anterior; más bien, aquí se abordan otros temas con otro ritmo.

En la Parte 1 encontrarás decretos vinculados con una entrevista que se le realizó al maestro ascendido Saint Germain en fecha reciente; las preguntas aquí expuestas a Saint Germain surgieron de diferentes lectores que las enviaron para este fin. En algunos casos fue necesario editar las preguntas y en otros, por desgracia, las preguntas no se incluyeron por tener un enfoque demasiado personal. Sin embargo, la editorial, el maestro Saint Germain y yo queremos agradecer a todos los participantes por estar presentes en el corazón de este material que hoy presentamos.

En la Parte 2 se incluyen testimonios de personas que han entrado en contacto con Saint Germain, y se presentan decretos vinculados con su experiencia.

La Parte 3 comprende otros decretos no relacionados con la entrevista, pero que él consideró pertinente compartir contigo. En ella encontrarás decretos para la belleza, decretos para mejorar las finanzas, entre otros temas de interés.

Espero que aquí encuentres respuestas a tus inquietudes y que tu vida sea siempre plena de amor, grandeza y oportunidades. En nombre de Editorial Pax México, del maestro ascendido Saint Germain y del mío propio expreso mi sincero agradecimiento a cada lector por su confianza en este nuevo material.

Un abrazo para todos.

Akari

PARTE 1
CHARLANDO CON SAINT GERMAIN

En esta sección presentamos un conjunto de preguntas formuladas al maestro Saint Germain por diversos lectores y seguidores. A la pregunta sigue la respuesta del maestro y en seguida se presentan los decretos relacionados con el tema.

P. 1. ¿EXISTE VIDA DESPUÉS DE LA MUERTE?

La vida astral es una ascensión y un proceso evolutivo. La vida no termina cuando entregas un manto físico, es sólo el inicio de una misión más placentera, más libre y más completa. Yo soy fiel ejemplo de que no debes temer a tu muerte, pues es sólo un cambio de estado en el que se deja atrás un cuerpo físico. Es una oportunidad en la que el alma encuentra nuevos y vastos horizontes para maniobrar. Sí, ¡yo existí! y hoy puedo venir hacia ti, compartir mis conocimientos contigo y expresarte mi infinito amor. Esta es justo la misma oportunidad que en un futuro tendrás de seguir delante, evolucionar y continuar vivo. Simplemente, lo harás desde otra realidad astral, a la cual no debes temer pues aquí no se pagan impuestos agregados a los gobiernos, no se paga por tener servicios ni educación. El mundo astral es un universo donde todo se efectúa con base en deseos precipitados y en trueques perfectos. Si bien no será igual a la que conociste en el plano terrenal, sin duda, sí existe una vida después de la muerte física de un cuerpo y yo soy prueba fehaciente de tal realidad.

Decretos para
Superar la pérdida de un ser querido

Superar pérdida 1

Yo soy la luz que te bendice y que te ayuda
a evolucionar, así te entrego mi profundo amor
y con este te libero de ataduras terrenales.

Yo soy la luz que te acompaña en tu nuevo transitar,
permitiendo a tu alma partir, sanar y evolucionar.

Yo soy la mágica presencia que a Dios
le pide guiar tus pasos en amor, luz y perdón.

Yo soy la esperanza que te dirige a tu nueva realidad,
a la que le solicito evolución, amor y perdón para
tu alma y para cualquier error que haya cometido
en su transitar terrenal.

Así yo te comparto toda la luz universal que puedas
necesitar, así te entrego al amor universal,
a la luz y a la elevación.

Que en ellas te quedes envuelto siempre en luz
y en amor y que lo mismo suceda con toda alma
que vuelva al plano astral.

Así es ya y siempre para toda alma
y en todo espacio bien será.

Superar pérdida 2

Que tu alma vuelva a la luz en toda
calma y en todo plano, que tu ser encuentre

la paz y el sincero perdón ante los errores
que en su vida terrenal pudo haber cometido.

Yo te entrego así a la mágica presencia de Dios,
de su divina luz; que esta te ampare en cada instante
de la nueva realidad en la cual transita hoy tu alma.

Que sea esta iluminada y se expanda
en la grandeza bajo la cual fue creada,
así yo solicito en tu nombre que la dispensa karmática
sea aplicada para todos los actos errados que debas
afrontar.

Así te envío mi infinito amor,
que te acompañe en los nuevos retos que tu alma
afronte hoy.

Que seas siempre libre y bendita, pura y elevada,
siempre bien amada y que este amor mío
y de los seres que te han amado
o que te amarán a lo largo del transitar de tu alma,
te colme de belleza espiritual.

Que sane en tu alma el dolor, la imperfección
y que así sea ya y siempre en ti
y en todo ser bien será.

Decreto para sanar el dolor

Yo soy la luz perfecta que sana todo dolor.

Yo soy el amor divino que se expande en todo mi ser.

Yo me sano de cualquier malestar, me expando
en el sincero amor, regreso a la luz y a la divinidad
y me libero del dolor.

Yo me sano y transmuto todo mal en sincero bienestar,
soy la paz, soy el amor,
soy el perdón de todo dolor.

Así es, así sea 121216 22, así sea.

P. 2. ¿TENDRÁ UN SER EL MISMO NOMBRE DESPUÉS DE SU MUERTE?

Tras tu muerte no perderás la costumbre de utilizar un nombre; es tu derecho. Sin embargo, dispondrás de varias opciones entre todos los que has tenido en cada una de tus reencarnaciones. Eres libre de utilizar uno de ellos si así lo deseas; de no sentir predilección por los anteriores, puedes elegir otro o bien solicitar a la junta de sabios que te sea otorgado uno nuevo acorde con la nueva vibración.

Sea cual sea el nuevo nombre asignado a tu hermano, hijo, padre o madre, para aquellos que aún tengan una existencia física siempre será la misma persona a quien vieron partir y, por tanto, podrán acudir cuando escuchen el nombre que les perteneció en su última reencarnación.

Seguirás en contacto con quienes bien has amado y que te amaron, sin importar si ese nombre está ya erradicado de su realidad astral. Esto es, al final del sendero no eres un simple nombre, el cual no tiene importancia; eres un alma grandiosa con capacidad de adquirir diferentes nombres en diferentes líneas de tiempo sin perder tu propia divinidad.

Así podrás reutilizar alguno de tus nombres anteriores siempre que lo consideres necesario.

Decretos para

Solicitar un nuevo nombre en perfección para quien vuelve al plano astral

Nuevo nombre 1

Yo soy la luz que solicita en tu nombre
y en el nombre de todo ser que vuelve al hogar,
que le sea a toda alma concedido el nombre
acorde con su propia divinidad.

Así te despojo de toda atadura terrenal
y libero tu alma para descubrir su plena
y nueva realidad.

Que este nuevo transitar
en las esferas de la luz
te colme a ti de divina protección,
de sincero perdón, amor y expansión.

Asimismo, en mi comunión universal,
yo solicito la misma gracia concedida para todos
los seres que deban volver al divino hogar.

Y así yo decreto que toda alma, sin importar
su condición evolutiva, sea purificada y amparada
en su nuevo transitar bajo el nombre idóneo para su
ser y que este les libere de las ataduras terrenales.
Así es ya y siempre bien será.

Nuevo nombre 2

Yo soy quien te acompaña, que mi amor hacia
tu alma viaje dondequiera que esté, así te expreso

mi amor y gratitud por el tiempo compartido
y las enseñanzas transmitidas.

Yo soy la luz que te ilumina y a esta le solicito
que toda sanación kármática te sea otorgada,
que todo amor ilumine siempre tu alma,
que toda sanación te acompañe
desde hoy en el transitar de tu alma,
en el plano en que se encuentre.

Así yo te expreso mi amor y solicito que el sincero
perdón te acompañe y repare todo dolor
que tu alma pueda albergar.
Así hoy te suelto y te bendigo,
hoy te amparo en la luz a la cual has vuelto ya.

Que esta inunde tu alma en todo instante
y esta misma gracia sea siempre otorgada
a toda alma humana.
Que la luz envuelva igualmente a toda alma animal,
pues a cualquier alma yo la envuelvo
y la entrego a la luz universal.
Así ya es y siempre bien será.

P. 3. ¿Es posible terminar de transmutar el karma?

El karma es un proceso complejo y erradicarlo suele requerir bastante tiempo. Esto no significa que jamás llegarás a transmutar y sanearlo, pero es un proceso que implica comenzar por aceptar tu propia imperfección, reconocer tus errores, trabajar con ellos para sanarlos y trabajar contigo mismo para identificar los patrones que generaron dicho karma. Cuando esto suceda, estarás listo para trabajar con tu mente y tu corazón ayudando a transportar a tu conciencia una nueva programación de pensamiento y acciones dirigida a evitar cometer los mismos desaciertos que te hicieron acreedor a dicho karma. Para ser saneado, trabaja con el amor y el perdón, con decretos de liberación y transmutación intentando por cualquier medio resarcir a quienes te causaron un mal con anterioridad. De no ser esto posible, tendrás que resarcir a la figura que represente la situación que deseas sanar; por ejemplo, si en otro tiempo abandonaste a un infante, deberás ayudar a miles de ellos.

Decretos para
Transmutar el karma

Transmutar karma 1

Yo soy la solicitud expresada que todo ayer
sana y repara,
que toda alma que antes fue dañada por mi alma
sea hoy sanada y bien amada.
Así solicito el divino perdón ante toda imperfección
propia o externa.

Yo solicito que una dispensa kármática
sea concedida por cada error del cual me arrepiento,
esté consciente o no de estos hechos.

Yo le envío luz, amor y sanación
y así solicito el sincero perdón de todo ser
al que antes mi alma dañó.

Yo soy la mágica presencia que solicita
que la misma gracia sea siempre concedida
para todo ser que antes a otro ser dañó.
Así es ya y siempre bien será.

Transmutar karma 2

Yo soy la luz que se expresa solicitando
el sincero perdón,
que toda carga y pacto kármáticos sean
definitivamente sanados de mi ser y de todo ser.

Yo solicito la luz para que sane igualmente
todo vestigio y resonancia kármática de mi alma
y de cualquier alma asociada
con el mismo aprendizaje.

Yo soy la paz que vuelve a mi ser,
soy la sanación que comparto con todo ser.
Así es y siempre bien será.

P. 4. ¿Cómo repercute el dharma en la existencia humana?

El dharma repercute en tu bienestar. Te ofrece beneficios, que se pactarán antes de la siguiente encarnación. Así se habrán aplicado en el justo momento en que han planeado astralmente su juego; durante el lapso que dure dicha encarnación difícilmente serás consciente de en qué momento utilizas tu "comodín", es decir, tu dharma. Si bien es posible aplicarlo a la sanación del karma, también puedes disponer de él para cederlo a otro ser, con lo que ayudarás a minimizar su karma; también puedes aplicarlo para tener un saldo a tu favor y con esa reserva sanear el karma que acumules durante una nueva encarnación. El dharma no se pierde si no se utiliza en la existencia actual, permanece almacenado energéticamente. El universo te presionará para sanar tu karma de un modo u otro pero no para aplicar tu dharma, ya que este es un premio y no una lección evolutiva.

Decretos para
Solicitar la aplicación del dharma

Aplicación del dharma 1

Yo solicito la aplicación inmediata y perfecta
de mi dharma, que sea requerido para sanar
y erradicar los actos kármáticos que puedan
dispensarse y aminorar los que deba afrontar.

Solicito también esta gracia para todos los que
transiten por las mismas circunstancias evolutivas,
de modo que logren la perfecta dispensa
de sus errores de antaño y sanen.
Así es ya y siempre bien será.

Aplicación del dharma 2

Yo soy la solicitud expresada en cada paso
y ante todo hecho, solicito que mi propio dharma
sea aplicado en el porcentaje requerido para
poder reparar mis errores previos.

P. 5. ¿Hay reencuentros con los seres queridos tras la muerte?

Los reencuentros son inminentes, siempre ocurren cuando existió y existe un gran amor. No pienses que no volverás a estar próximo a tus seres amados. Sin importar las líneas de tiempo, mientras perdure en dos almas dicho amor, se reencontrarán en diferentes existencias físicas y astrales, reconociéndose mutuamente, no por el manto físico que vistieron sino por el brillo de las almas reflejado en la mirada. Las almas se reencuentran en infinidad de existencias, sentimientos y circunstancias que siempre evolucionarán, se purificarán y se acrecentarán. Quien te ha amado sinceramente en una existencia dejará una trayectoria energética de amor en tu alma y en tu proceso evolutivo. Siempre que consideres que te hace falta amor en el plano astral, podrás recurrir a este amor energético, que es sincero y te pertenece sin importar en qué plano se encuentren el alma que lo expresó y aquella que le recibió.

Decretos para
Solicitar rencontrarse con los seres queridos en próximas vidas

Reencontrarse 1

Yo soy el ser que solicita el reencuentro
con mis seres amados, en otro tiempo y espacio.

Que esto se otorgue a cada ser que así lo desee
en su tiempo y espacio correctos.
Así es ya y siempre bien será.

Reencontrarse 2

Yo soy la voz que le habla a los seres de la luz;
escuchen y atiendan mi súplica para que,
cuando ustedes en sabiduría lo consideren

pertinente, mi alma se reencuentre con aquellas
que bien he amado en otro tiempo.

Yo solicito esta gracia para mí y para todo ser
en todo momento evolutivo,
las gracias les doy sabiendo que seré atendido.
Así ya es y en cada ser siempre bien será.

P. 6. ¿Cómo funciona el universo?

El universo es infinito y complejo; es una fuerza viva y evolutiva altamente inteligente por sí misma, el origen de toda vida y precipitación. A él deben recurrir cuando quieran solicitar un favor; es él quien puede crear cualquier realidad, primero a nivel astral para después cargarla de la energía suficiente hasta lograr que sea atraída a una realidad física.

El universo sabe responder en inmediatez, en él encontrarás diferentes líneas de tiempo, campos vibratorios, sistemas solares, emociones, tonalidades e incluso temperaturas.

Decretos para La conexión universal

Conexión universal 1

Yo soy la mágica presencia de mi yo superior
y mediante este ser que yo soy
solicito la apertura a mi conexión universal,
que esta sea reforzada y constante
en cada instante y ante toda situación,
dirigiendo siempre cada uno de mis pasos.

Así es ya y siempre bien será
para mí
y para todo ser es ya.

Conexión universal 2

Yo solicito a los polvos y estrellas,
a toda fuerza energética comprendida
en el vasto universo que vengan a mí,
que se instauren en mi interior
reconectándome
ya con su propia divinidad.

Yo solicito que esta misma gracia
sea otorgada a todo ser
que busque entablar esta relación
y que así sea en todo instante
para cada ser.

P. 7. ¿Cómo encuentro mi propia divinidad?

Para encontrar tu divinidad es necesario estar en calma contigo; aceptar que por esencia divina eres un ser de pura luz; reconocer tu extensión divina con Dios y con el universo; aceptar que eres parte fundamental de las necesidades del universo.

Cuando aceptes que formas parte fundamental del universo y de Dios, de quien eres una extensión, aprenderás de manera natural a actuar bajo contextos más loables, puros y divinos.

Cuanto más calmado y libre seas, más plenitud sentirás y en la ética interna encontrarás el sendero que te conducirá a descubrir tu propia divinidad.

Decretos para

Reafirmar la propia divinidad

Propia divinidad 1

Yo soy mi voz interior aplicada y sustentada,
a ella regreso siempre
y a la divina luz que desprende.

Yo soy la mágica presencia de Dios que actúa
en mi interior, soy la luz que me baña y sustenta
cada una de mis acciones orientándolas sólo a la luz,
la paz, el amor y el bienestar universal.

En la calma que me invade solicito a mi yo superior
que me alinee con el sendero de mi divinidad
y resuma esta en mi interior en cada instante
y ante toda situación.

Que así igualmente sea alineado cada ser
que busque desarrollar su propia divinidad.

Así es ya en todo mi interior y así será en todo ser.

Propia divinidad 2

Yo soy el ser que se abre y se expande
conectando con su núcleo.

Así proclamo que yo soy energía viva y pura
que se unifica a su fuente divina porque sé
que soy el que yo soy y bajo mi mágica presencia
Dios actúa siempre desde mi interior.
Así ya es y siempre bien será.

Así es ya en mi propio ser y en cada ser
que proclame esta unificación universal
que siempre abrirá en mi ser
y en todos la pura divinidad.
Así sea y bien será.

P. 8. ¿Qué hacer para sanar el odio y el dolor?

El odio y el dolor sólo poseen una vía de sanación que radica en el profundo amor, que es el único capaz de transmutar y cerrar definitivamente las heridas pasadas. Pero este amor debe ser absoluto, sincero, profundo y constante; sólo así logrará en la paz y la constancia eliminar los residuos devastadores ocasionados por el odio y el dolor. Para ello deberás trabajar constantemente con el hoponopono, con decretos para el amor y para la liberación.

Decretos para
Combatir y terminar con el odio

Combatir y terminar odio 1

Yo soy la luz que me inyecta de perdón,
la luz que sana mi corazón.

Soy la alegría que torna a mi existir sanando todo
odio, perdonándolo, erradicándolo de mi realidad
y de mi resonancia energética.
Soy la luz que viaja y sana a todo ser que antes dañé
en este manto que hoy visto.

Yo soy la luz que viaja y sana a las almas
que antes laceré y solicito que quien ha afectado

a otras almas pueda ser sanado y perdonado,
que todo odio sea definitivamente destruido,
que no quede más rencor y que el odio sea
definitivamente transmutado
en luz y amor universal.
Así es y siempre en todo ser bien será.

Combatir y terminar odio 2

Yo soy la llama violeta que arde en paz y humildad,
desarraigando todo odio presente a nivel consciente
e inconsciente, oculto en mi alma y en toda alma.

Que la luz violeta transforme y purifique
sanando los corazones y las almas.
Que no existan más odios, miserias, desencantos
o agresiones.

Que la maldad sea sanada y convertida en amor,
que el odio se elimine de la faz de la Tierra,
de las naciones y los corazones.
Que no surja de nuevo la crueldad, que sea siempre
suprimida.
Que no se hiera jamás a otra criatura bajo ningún
contexto, bajo excusa alguna.
Que no existan más pretextos para sembrar odio,
ni para aceptar males.

Yo transmuto en nombre propio y de todos los seres los
odios, las imperfecciones, los pesares.
Que ningún corazón vuelva a perderse
en el oscuro mal.
Que pronto las almas sean definitivamente sanadas,
las luces sustentadas y las alegrías justificadas.

Que el hermano animal obtenga siempre un sincero
respeto, sustento y contexto.
Que no se mate a las criaturas, que no se maten
los hombres.
Que todo evolucione constantemente,
que no haya más odios, dolores o injurias.

Así yo transmuto en gracia universal programando,
decretando, que cada alma encuentre siempre
en sus semejantes la dulce mirada de aquel
a quien mejor ama.

Así es la gracia espiritual bajo la cual siempre
sabrá la transmutación lograr.

Yo solicito que acabe todo odio, que en los corazones
sólo se instaure siempre el divino bienestar universal.
Así es, así será.

Combatir y terminar odio 3

Yo soy la luz que invade mi corazón, que sana del
dolor.

Yo soy quien aquí está terminando todo odio
y en su lugar instaura un genuino amor universal.
En cada fibra de mi divino corazón soy la paz,
soy el encanto, soy quien sabe sanar y perdonar,
quien logra evolucionar.

Soy la gracia y el encanto que todo sana y restaura.
Que nada interfiera ya con mi maravilloso despertar.
Todo odio aquí lo olvido, lo sano, perdono y libero.
Así es y así siempre será.

Combatir y terminar odio 4

Yo libero cualquier energía residual que esté
suspendida en el ambiente, en mis pensamientos,
en los sentimientos ocultos en mi alma y en todas
las almas. Así todo es perfecto, divino, puro y sereno.

Que todo odio sea olvidado, que ninguna alma
perezca ante el mal, que nadie obstruya nunca
más la luz divina.

Que bien siempre sepan instaurarse en cada alma,
en cada corazón, en todo pensamiento,
en cualquier acción, la luz y la paz colectivas.

Así te pido, cosmos mismo, bendito y sereno,
que acabes ya con la maldad, que no haya
más odios ni desencantos en ningún hogar.
Así siempre será.

P. 9. ¿Cómo puedo comunicarme con un ser que habita en un plano astral?

Es fundamental comprender que se atrae aquello que se es en esencia. Si eres un ser de luz que actúa a favor del bien, atraerás a seres astrales de luz; pero si causas mal a tu alrededor, atraerás sólo a seres de oscuridad. Sin embargo, es posible que te comuniques con tus seres amados cuando recíprocamente estén listos para restablecer el contacto, cuando no exista más dolor de por medio. Cuando ese momento llegue y sea la voluntad divina de ambos restablecer el contacto, esto sucederá por la vía que proceda: contacto verbal, sensorial, visual; o bien, mediante el reencuentro vivo en un plano intermedio, el que ustedes conocen como periodos de sueño. Si durante estos sueñas que te reencuentras con un ser querido, no es un sueño, sino un reencuentro que ocurrió en verdad en un plano astral intermedio. En él se permite el acceso tanto a las almas que moran sólo planos astrales, como a aquellas que únicamente moran planos físicos.

Decretos para

Entablar comunicación con el plano astral, espacio de la luz

Comunicación con el astral 1

Yo soy la energía que se expande y alcanza
otras esferas de luz.

Yo soy la puerta que se abre y me permite contactar
a mis hermanos que moran otros planos.
Así me abro a la comunicación universal,
en todo tiempo y bajo todo manto de luz, siendo
esta la única comunicación con la cual interactúo
y a la cual yo pertenezco.

Yo soy la luz que se abre y me otorga la gracia
de entablar un discurso universal con los seres
de la luz para que ellos guíen mis pasos en perfección
universal. Que así sea para mí y para quien busque
esta proximidad.
Así es y siempre bien será en todo ser.

Comunicación con el astral 2

Yo solicito a la luz que se abra la información y
comunicación que en bienestar conduzca mi existir.

Yo soy la magia que se suscita al conectarme con
los seres de luz que habitan otro plano dimensional.
Así yo vuelvo a la luz y vuelvo a la paz.

Yo soy el ser que se expande e interactúa
con sencillez con los seres que moran
en las esferas de la luz y solicito que estas
se abran al conocimiento universal.

Yo solicito que todos tengan acceso
a la comunicación con el plano astral de la luz
en cada momento que un consejo de este requieran.
Así es ya y siempre bien será para mi y para todo ser.

P. 10. ¿Dónde empiezo yo y dónde empieza Dios?

En apariencia son seres diferentes que no guardan relación, pero el ser humano es la extensión de él y viceversa. Todos partimos de la misma alma universal; cada ser constituye la continuidad de una parte de ella.

No obstante, muchos han olvidado su divinidad, prefiriendo la falsa comodidad del egoísmo y la crueldad como forma de escape de sus problemas espirituales interiores; no comprenden que la solución y la liberación genuinas consisten en aceptarlos, afrontarlos, bendecirlos e infundirles un cúmulo de amor. Al final, quien impide tu comunicación con Dios se encuentra siempre en tu interior, eres tú mismo.

Cuando dejas de reconocer tu divinidad y actúas en desacuerdo con todo bien universal intentando recuperar a Dios y aproximarte a él –creas o no en una religión–, en realidad te alejarás más de él y de ti mismo. Y perdido estarás hasta que decidas volver a él.

Decretos para
Conectarse con Dios

Conectarse con Dios 1

Yo soy la palabra otorgada y la voz siempre
escuchada, solicito que Dios se exprese
en mi interior, en todo ser y ante toda situación.

Conectarse con Dios 2

Yo soy la voz que solicita que la luz se abra
siempre ante mí.

Así soy la perfecta comunicación
con mi divina fuente, que esta me conduzca
a la transformación en plenitud, armonía,
amor y bondad de cualquier circunstancia
que roce mi existir.
Así vuelvo hoy a la fuente;
en ella me amparo y a ella me aferro,
así es ya que esta conexión se refuerza
y lo haga tanto en mí como en todo ser.
Así es ya en mi ser y en todo ser siempre bien será.

P. 11. ¿Estoy listo para iniciar mi proceso evolutivo?

Si sientes la necesidad de evolucionar espiritualmente, eso significa que estás listo para emprender el proceso. Nunca es tarde para ello, como nunca es demasiado pronto para iniciarlo. Cuanto mayor empeño pongas en evolucionar, más pronto sanarás tu existencia y la de tus seres cercanos; después podrás cambiar el reflejo de la situación que buscas solucionar en toda la humanidad. Son siempre los bien amados y bendecidos por el mundo astral, y su iniciación espiritual siempre sucederá en el justo momento.

Decretos para
Alcanzar la evolución espiritual

Evolución espiritual 1

Yo solicito que la evolución espiritual
se haga presente en mi existir,
solicito que se expanda y venga a mí el conocimiento
requerido para poder transformarme en pura luz
y sanación, y que esta transformación sea
sustentada en todos los ámbitos de mi existir.

Como servicio universal,
solicito se conceda esta misma gracia
a quien la requiera en todo plano y espacio.

Que así sea ya en pura divinidad en toda situación
y para todo ser, así en luz y en amor siempre será.

Evolución espiritual 2

Yo soy la luz que viene a mí y se expande
en todo hecho que en mi vida acontece.

Yo soy la mágica presencia que repara y sana toda
circunstancia pasada, presente o futura que afronte.
Yo soy la mágica alegría que solicita hoy evolución

espiritual y que esta se implemente en mi ser
de inmediato.

Así solicito la guía de la luz para reparar
lo que se encuentra mal en mi interior,
y que esta gracia sea compartida con todo aquel
que requiera evolución espiritual. Así es ya.

P. 12. ¿Cómo atraer la felicidad?

Atraerás la felicidad cuando te alejes del desamor, el odio, el rencor, la envidia y el odio de tu corazón. Acepta también que el universo te ama, que cada ser astral de luz ama por igual a todos ustedes, que son el resultado del perfecto amor universal, que todo fluye en amor y que fue el amor universal quien les creó. Si lo haces, tu corazón estará en condiciones idóneas para vibrar en la frecuencia de la felicidad.

Cuanto más tranquilo y más feliz estés contigo, más reafirmarás y facilitarás la llegada de todos los detonantes externos relacionados con la felicidad.

Decretos para
Atraer felicidad

Atraer felicidad 1

Yo soy la luz que se abre en mi interior
y que me ayuda a contactarme con el flujo del amor;
que este traiga felicidad a mi interior y a cada corazón.
Yo soy la mágica esencia del amor universal,
que se expande en mi ser en toda forma
y bajo todo contexto.

Yo soy la luz que irradia más amor
y solicito que esta se expanda en todas direcciones,
tocando corazones, transformando circunstancias
y seres en una derrama de amor universal que,
sin conocer límites, se sitúe en mágica sanación
emocional para mí y para todos en cualquier
espacio y circunstancia.
Así es y siempre bien será, así es ya.

Atraer felicidad 2

Yo soy la luz rosada del amor, la esencia de la
sanación, el ser que se abre y expande conectándose
siempre con el flujo del amor universal.

Que este sea amplificado, que toque ya corazones
y sane situaciones; que se expanda sanando
enfermedades y terminando con miserias y dolores.

Así yo proclamo la divina sanación para mí
y para todo ser. Así será.

P. 13. ¿Cómo atraer el amor?

El amor es energía mágica capaz de aliviar y reparar cualquier dolor e imperfección en un ser para atraer el verdadero amor a su vida. Comienza por reactivar el amor expresándolo siempre en tus actos, pensamientos, intenciones o acciones. Perdona sinceramente a los demás y a ti mismo. Cambia tu espíritu comprendiendo que el amor se encuentra en el universo, las plantas, los animales y las bondades infinitas, que son divinos y benditos son. Ama cada etapa de tu vida, tus pensamientos, tus acciones. Ama al respetar ideas, conductas y acciones que representen únicamente la ejecución de tu elevación.

Decretos para
Atraer el amor

Atraer el amor 1

Yo soy la luz que sabe amar,
soy la energía que viaja y se conecta con la luz rosada del amor; soy el ser que bien sabe amar,
en modestia, tolerancia, amor, sanación,
bondad y fraternidad.

Yo soy la alegría que se sustenta en mi interior
y se expande en toda dirección.
Soy la mágica presencia que viene
y se conecta con mi yo superior.
Yo soy la luz que se asocia a toda dirección
y acude al encuentro de la dulce sanación.

Que el amor venga a mí, se instale en el dolor
y desde allí lo sane y transmute en divina sanación.

Yo viajo ya en la luz y en el amor;
que este viaje sea siempre compartido
con todos los que quieran volver al amor.
Así es ya y siempre bien será.

Atraer el amor 2

Yo soy la voz que solicita amor incondicional,
que este sea aquel que restaure todo mi interior
y sea el mismo que restaure toda relación.

Yo pido que la frecuencia del amor inunde
ya mi existir de amor y plenitud, que esta derrama
de amor viaje a cada confín del universo
y recorra a todo ser desde su interior.
Que así transforme el odio y el rencor en luz
y que esta luz sane a todo ser de toda enfermedad.

Yo soy la luz que viene envuelta en amor
a todo mi ser y me fortalece.
Que esta luz me reestructure ya y así me alinee
al amor en perfección con quien sea compatible
conmigo.
Así solicito que este gran amor que se instaure
en mi existir sea comparable con un perfecto amor
para cada ser en cada nación.

Así proclamo que la derrama de amor universal
sea instaurada en cada corazón, pareja y país;
que este amor sane corazones, acciones,
situaciones lo mismo que pensamientos
e intenciones; que esta luz de amor sane toda
imperfección social y personal.
Así será en mi ser y en todo ser siempre bien será.

P. 14. ¿Cómo atraer el dinero?

Cuando busques atraer el dinero a tu vida, sigue estos sencillos pasos:

1. Elimina de tu mente toda idea de escasez, olvida el continuo pensamiento de que el dinero sólo sirve para pagar deudas.

2. Pronuncia constantemente el hoponopono de la abundancia: "Lo siento, perdóname, gracias, te amo,

diluvio, diluvio, diluvio, la abundancia viene a mí como diluvio".

3. Trabaja con una oración dedicada a Abundia.
4. Visualiza el dinero como un bien que por sí mismo llega con regularidad a tus manos sin tener que hacer nada particular para atraerlo.
5. Adquiere una planta millonaria y consérvala en tu hogar y oficina. Coloca en su tierra varias monedas doradas.
6. Adquiere esferas de pirita y conságralas para atraer el dinero.
7. Coloca un altar en tu casa con monedas de uso legal, arroz, sándalo, rajas de canela, perejil fresco y siete claveles (tres rojos y cuatro blancos), tu fotografía, la de los familiares cuya economía quieres ayudar a mejorar y una imagen de Abundia.

Para terminar, intercala en los días de la semana la oración a Abundia y el hoponopono. Si deseas lograr un cambio más rápido, realiza diariamente los dos por un lapso de al menos media hora; en casos de grave escasez, dedícales una hora. Recuerda que tanto el dinero que llega a tus manos como aquel que ves partir, deberá ser siempre bendecido por ti para seguir su curso.

Decreto para
Bendecir el dinero que llega a ti

Yo te bendigo, te sano y te libero de cualquier energía residual que pueda provocar escasez a quien llegue a ti.

Yo te impregno de la luz divina universal
para que traiga a todo ser que se encuentre
en tu camino abundancia y felicidad absolutas,
incluyendo a cada mano que toques;
lo siento, perdóname, gracias, te amo, multiplícate ya,
es mi voluntad por la gracia de la llama violeta,
así será.

Decreto para
Bendecir el dinero que ves partir y así fomentar que regrese

Yo te bendigo y agradezco por el perfecto servicio
que me brindaste, te solicito que generes
abundancia infinita en mi persona,
en la de mis familiares y en cada ser
que a partir de ahora compartirá tu camino.

Yo te programo para la perfecta abundancia,
llegando así a atraerla y concretarla
hasta generarla en su forma física de pensamiento
y de ideas para cada ser que se cruce en tu sendero.

Yo te bendigo aquí y me desprendo de ti
sin dolor ni angustia porque sé que mañana
multiplicado a mí volverás.
Así sea ya mi divina voluntad, así será, namaste.

Decreto para
Promover la abundancia

Yo soy abundancia universal sustentada y reafirmada.
Yo acepto la abundancia colectiva
que fluye a mí con total naturalidad.

Yo no soy quien busca al dinero,
el dinero me busca a mí.
Yo soy afluencia que no conoce final,
comparto la abundancia con humildad y sinceridad.
Yo bendigo mis finanzas, decreto aquí que mis egresos
son infinitamente menores que mis ingresos.

Así yo fluyo en abundancia
de la mano de Abundia.
Así fluyo y desde ahora recibo únicamente
abundancia general.
Así es, así sea.

Decreto para
La abundancia: mejorar las finanzas

Yo te pido justicia, amparo, gracia y encanto.
Te pido papel y monedas rebosantes de calma.

Soy quien te honra por siempre, agradeciendo
el positivo fluir de mis finanzas entregadas a ti.

Yo bendigo el papel moneda que viene hacia mí,
bendigo cada moneda que en mis manos pongas.

Yo soy descendiente de la misma madre Abundia,
a quien colmo de flores y de mi eterna gratitud
por el bendito fluir de mis crecientes finanzas,
las cuales, con donaire y encanto, sabré siempre
compartir con mis hermanos, a cada paso
de este tu fiel sendero.

Yo soy así, tu dulce reflejo,
Abundia mía, desde mis más hondos adentros.
Yo me dirijo a ti, apelo a ti, solicitando ahora
el favor de transmutar para siempre mis finanzas.

Yo soy tu mismo ser, cual gracia tú has de colmar
mi olla de oro, mi calma de belleza, mi mente
de esperanza, mi sonrisa de una nobleza
que comparta hoy y siempre sonrisas y oro, calma y luz.

Así más plenitud siempre te he de devolver,
así es la gracia de las finanzas que ante ti entrego.

Yo te brindo dos monedas de plata pura,
esperando de ti mediante esta concesión cien monedas
de reluciente oro y divinas indulgencias.
Así es, así sea.

P. 15. ¿Cuál es el papel de la salud como aprendizaje de vida?

Cuando te encuentras en la cumbre de la salud, desechas cualquier posibilidad de centrar tu vida, tus emociones y tus análisis en los hechos importantes. Estás sumergido en la rutina, en los logros profesionales, en la diversión, en mirar hacia fuera; esa postura, aunque no incorrecta, sí es muy limitante pues no te permite descubrirte ni descubrir a aquellos a tu alrededor que visten máscaras. Únicamente quieres observar los destellos luminosos de los lujos, las posiciones, las pertenencias.

Muy pocos de ustedes, al encontrarse en el pódium, son capaces de admirar la valía del esfuerzo constante pues ha quedado ya muy atrás; no se atreven a mirar sus carencias espirituales porque les duelen tanto que prefieren enterrarlas en quilates de oro y en grandes viajes internacionales; prefieren sonreír debajo de un maquillaje sofisticado o trajes costosos en el caso de los hombres; no se atreven a charlar con su propia alma. Por eso recibes señales de advertencia que el universo se ve obligado a enviar para que cambies tu visión externa y te atrevas a cuestionarte y a viajar a tu alma, a tus recuerdos y a tus corazones. Si lo hicieras a tiempo, te encontrarías con el mejor viaje de tu vida, el más auténtico.

Pero muchas veces te rehúsas a aceptar el dolor y su gran enseñanza. Prefieres pensar que eso jamás te ocurrirá, como si fueses un infante que considera que puede comer kilos de caramelos cada día sin que esto te cause caries. Tal manera de pensar es tan errada como imaginar que puedes vivir de apariencias y perderte de ti mismo por estas sin que esos hechos ingenuos y superfluos traigan consecuencias.

Por desgracia, al no poner en marcha estos procesos depurativos por voluntad propia y al empeñarte en ignorar las lecciones, tú mismo te hundirás más a cada instante en terreno pantanoso. En realidad, una enfermedad o una pérdida no significa que Dios te haya olvidado ni que te odie. La idea nunca fue destruirte sino hacerte crecer, y cuando te enfermas tu cuerpo intenta enviarte la señal de que algo no está bien en su interior. Eso significa que tú mismo buscas despertar a tu mente y a tu cuerpo físico para que preste atención a tu alma, y el universo sencillamente busca aportarte el marco necesario para que logres mirar a tu interior y depurar tu vida y tu agenda de personas inútiles y situaciones destructivas. Y es que el universo busca siempre tu grandeza espiritual y no tu perdición.

Estas duras pruebas tienen como fin hacer emerger lo mejor de ti para que logres valorar tus cualidades, tu salud y tu vida, para que depures todo hecho y a toda persona destructiva u obsoleta de tu existir. Recuerda que tú eres el único capitán del barco de tu vida y el alma valiente que decidió qué hacer con ella antes de tu nacimiento, para mejorar tu alma y hacerla crecer.

Por eso te invito a abrazar tu alma, a soltar el miedo y el egoísmo, a comprender que Dios está en tu interior tanto como todos nosotros lo estamos. Cuando comprendas esto habrás comprendido que si miras a Dios en tu alma encontrarás la fuerza, la protección y la ayuda para salir adelante sin importar cuán compleja sea la situación.

Decreto para
Proteger la salud

Yo muevo al universo en la dirección correcta,
él guía mis pasos con amor, respeto,
sabiduría y sanación.
Yo soy la luz celeste que me sana
y me aleja de toda enfermedad.

Yo soy la luz mágica que llega a mi ser
sanándome y resguardándome de la angustia
y la incertidumbre, cambiándolas por genuino amor,
infinita paz y una gran protección divina
que sólo me sabrá sanar.
Así es, así sea.

Decreto para
Ayudar en forma espiritual y energética a los enfermos

Yo soy la magia universal de la sanación que
desprograma cualquier enfermedad, programando
todo mi ser para actuar sólo bajo la perfecta salud.
Yo soy sanación, amor y perdón, y me perdono

por mis errores previos que contribuyeron
a que ahora afronte este aprendizaje.

Yo comprendo pronto la lección oculta tras de sí
para sanarla y transmutarla en inmediatez.
Así me despido gloriosamente de esta enfermedad
que antes me aquejó.

Yo soy la divina salud, mi cuerpo es sanado,
se siente ligero, está bendecido por la paz física
que me envuelve y que erradica toda imperfección.

Así es la inestimable salud que yo poseo,
que me libera ya de todo malestar, sanando consigo
mi ser físico, mis finanzas y mis pensamientos.
Así es, así sea.

P. 16. ¿Cómo programar la perfecta salud?

La salud es perfecta cuando se vive en elevación. Las enfermedades son reflejo de la imperfección a la que se encuentra sometida un alma. Tus pensamientos no están enfocados en lo que deben atraer a su realidad. Toma en cuenta que el universo precipita hacia ti todo lo que eres en pensamiento. Si buscas tener la perfecta salud, perdona todo acto que te haya causado un trauma y solicita el perfecto perdón a cada ser a quien se lo hayas ocasionado.

Tu salud representa todo lo que ocurre con tus pensamientos y acciones, tus intenciones y sentimientos. Para sanar una enfermedad, junto con un tratamiento de medicina tradicional, implementa el sincero perdón a cada ser que hayas dañado y a ti mismo, al malestar que has causado al universo con tu proceso evolutivo siendo consciente de que la enfermedad es el equilibrio entre el karma y tus procesos mentales, los cuales demuestran tu estado interior.

Además de los decretos siguientes, recomiendo trabajar con decretos para el amor para sanar la situación.

Decretos para
Promover la salud

Promover la salud 1

Yo soy la energía universal que viaja
por mis células y mis moléculas,
soy la fuerza que repara y envuelve en luz a mi ADN.

Yo soy la fuerza de Dios que me sana de toda
enfermedad y todo malestar, soy la presencia divina
que repara mi organismo ante toda enfermedad
y así destruye infecciones, virus y parásitos
expulsándolos y eliminándolos de mis órganos.

Soy la divina sanación expresada y sustentada,
y la proclamo para todo enfermo en toda nación,
que sanen en prontitud universal.
Así es ya y siempre en todo ser bien será.

Promover la salud 2

Yo soy la voz de mi interior que solicita la perfecta
salud ante toda enfermedad.
Soy la fortaleza que viene a mí y destruye todo
parásito, virus, bacteria y patógeno.

Soy el ser que está en plena salud desde mi interior
y desde mi exterior.

Yo rechazo toda enfermedad,
todo virus y toda emoción imperfecta y tóxica.
Yo me libero del dolor, el odio,
la intriga y los pensamientos tóxicos.
Yo soy la perfecta salud que se instaura
ya en mis células, moléculas, órganos,
pensamientos y sentimientos.

Así solicito que la perfecta salud sea instaurada
en todo ser ante toda enfermedad,
que esta divina salud viaje y sane a los enfermos
en los hospitales, que sane ya a los enfermos
en sus hogares.

Que así la salud se sitúe en todo ser
en cada instante y ante cualquier padecimiento.
Así es ya y siempre bien será.

P. 17. ¿Tienen alma los animales?

Todo ser vivo posee un alma, una inteligencia astral y física, así como sentimientos. Quien dice que otro ser vivo no tiene alma lo hace buscando justificar las crueldades que cometa con otros seres vivos. Lo cierto es que todo ser vivo tiene sentimientos, comprende el dolor y lo sufre cuando es lacerado, sabe de dolor y, al igual que el humano, puede presentar traumatismos causados por actos cobardes y lascivos efectuados por los más débiles.

Sólo el fuerte respeta a otras formas de vida y es siempre el más débil quien busca sentirse fuerte haciendo uso de hechos cobardes y lastimando.

Decreto para
Cuidar la integridad animal

Yo solicito la perfecta protección
que otorga cada ser de luz y que esta sea expandida
y sustentada en cada hermano animal,
en todo instante implícito en su existir.

Yo proclamo la luz, el respeto, la dignidad
y la sanación para todo hermano animal.

Que así los ángeles y arcángeles guíen siempre
su existir ante cualquier peligro y en todo instante;
que con su manto de luz los hagan a todos invisibles
ante todo agresor, tortura, maldad y peligro.

Así yo los envuelvo a todos ellos en el manto de los
siete rayos en cada instante y ante toda situación.
Así es y siempre bien será para todo hermano animal.

Decreto para
Conectarse con el alma de un animal de compañía

Yo me expreso por la voz de todo hermano animal
y a todos ellos los envuelvo ante la mágica presencia
de los seres de la luz para que todos ustedes cuiden
y amparen a todo animal.
Que nunca más sean torturados o dañados.

Yo solicito la sanación para todo hermano animal
que hoy sufre por crueldad, abandono o enfermedad.

Yo solicito que la mágica presencia
de esta protección recorra las naciones,

las calles, las selvas, los campos, los océanos,
los hogares y dondequiera que esta presencia
de protección viaje y encuentre a un hermano animal
que se instaure en torno a él un escudo protector
que lo proteja del mal, de la maldad y la enfermedad.

Que así sea siempre la divina protección
para todo hermano animal,
y que cuando llegue su momento de volver
al hogar sea la misma luz de amor
y protección la que lo acompañe.

Decretos para
Mostrar amor a los animales

Amor a los animales 1

El amor te ampara, el amor fluye, te sana,
te sustenta, te ampara y guía cada uno de tus actos,
cada mirada y cada sueño.

Así te guías, así te sostienes, así te programo
bajo la gracia universal, en amor y protección
siempre bien resguardado estarás.
Así será.

Amor a los animales 2

A San Francisco te entrego para que bien te ampare,
así te protejo, te cuido con su fiel apoyo.
Que no comas venenos, no cometas travesuras
y nunca más desobedezcas.
Yo aplico la inteligencia universal

para educarte en perfección, sin maltratos,
iras ni sobresaltos, con absoluto respeto.

Así le encargo a San Francisco
y al mismo universo que no haya más hermanos
animales que sufran sin hogar,
que cada animal que habite una casa
conozca siempre el verdadero hogar
pleno de respeto y alimento constante,
sin sogas, fuetes, castigos ni gritos,
pues son puros y benditos.

Amparados sean todos en gracia universal.

Así yo programo a las frecuencias 1116 y 1586
a cada animal que vive para que sea siempre
bien amado perfectamente, sanado en cada vida,
en cada manto con la gracia universal.
Así es y así siempre será.

Amor a los animales 3

Yo programo a __________
para que se comunique conmigo en perfección,
con mensajes claros, serenos, sin más reclamos,
con gracia y encanto.

Así te programo para que actúes en pura divinidad,
que no te falte amor, que no cometas actos
que te perjudiquen.

Sé siempre sereno, noble y obediente,
atento y sincero, dulce y perfecto.

Así te expresas, así te conduces, así me respondes.
Así será bajo tu yo superior, siempre así será.

P. 18. ¿Por qué los maestros ascendidos usan frecuencias?

Todo ser del alto astral posee una frecuencia vibratoria específica que es única. Estas frecuencias son numéricas y solamente existe una diferente sin repetir para cada ser que mora en el alto astral. Créeme cuando te digo que en el astral moran muchas más almas de las que puedan imaginar. Y, puesto que cada día llegan más almas de regreso al astral, a medida que se purifican y elevan, se requieren más frecuencias vibratorias.

Las frecuencias vibratorias existen en todo el astral, pero las ubicadas en el alto astral tienen candados de seguridad para proteger a quien solicita ayuda y a todo ser relacionado con esta frecuencia vibratoria. Son vehículos vibratorios de gran rapidez y un muy alto impacto energético.

Cada frecuencia posee su propia vibración y cada maestro ascendido elige la propia y decide con qué trabajo en particular se relacionará. De tal modo, el propio maestro la programa y la recarga de mayor energía cada instante cósmico. La frecuencia contiene información acerca de él que sería comparable con el ADN humano. No está constituida como cadena; es un centro de información extensa que viaja dentro de la frecuencia y es la pura esencia del maestro ascendido a quien representa. Cada maestro ascendido es un alma, que a su vez está conformada por la fuerza numérica resultante de una gran frecuencia numérica, la cual se expande y comprende la totalidad del alma del maestro. Estas frecuencias se caracterizan por autoprogramarse en función de la derrama de amor emitida hacia toda forma de vida.

Nuestras almas, si bien están un poco más saturadas de información que las humanas, en esencia, son muy similares. Un maestro ascendido puede considerarse una secuencia numérica repetida hasta el infinito expresada en el universo y que se encuentra en la misma esencia proyectada en diferentes realidades al mismo instante. Es así como cada uno de nosotros puede ofrecer servicios múltiples atendiendo en el mismo instante las necesidades de infinidad de seres humanos y de otras formas de vida en diferentes dimensiones, continentes, ciudades, áreas geográficas y planos, de cualquier edad y cualquier credo.

Esto es así por la gran importancia que tienen para nosotros. Ustedes determinan si nos ofrecen un espacio en su existencia y si nos otorgan su confianza y la responsabilidad de resolver sus problemáticas. Nosotros no podemos actuar sin previa autorización suya; es imposible hacerlo pues siempre hay que respetar el libre albedrío del ser humano, aun sabiendo de antemano si su decisión es errada o asertiva. Por ejemplo, si tú deseas que actuemos para ayudarte a solucionar cada situación problemática o bloqueada que te afecte, deberás autorizarnos con palabras, con una simple nota escrita y dejada bajo su almohada antes de dormir, o bien mediante un sencillo pensamiento expresado.

Sin autorización expresada mediante pensamientos o palabras, no podemos brindar ayuda, no por falta de amor e interés hacia ti, sino porque debemos ante todo respetar tu voluntad y tu decisión; ello incluso si sabemos que estas pueden generar saldos kármáticos que abrirán dolorosos procesos de aprendizaje en un futuro. Toma en cuenta que nosotros somos una guía externa, pero tú eres el arquitecto de tu realidad y tu propio soporte, el cual deberás cuidar permanentemente. Este soporte se fortifica con amor, bondad, perdón, piedad, evolución, tolerancia y dignidad, elementos que habrán de aplicarse en pensamiento, intención, hechos y emociones.

Decretos para
Conectar con la frecuencia universal

Frecuencia universal 1

Yo soy la unión con el universo y el ser que activó esta unión con cada frecuencia comprendida en él.

Con ellas trabajo, de ellas me beneficio,
soy la comunión universal en todo momento.

Yo soy un ser cósmico que se conduce siempre,
soy un ser matemático unificado a las frecuencias
universales, en las que me centro y a las que regreso.
Yo soy el ser que sana su existir en la frecuencia
universal que habita en mi interior sabiendo
que es fiel reflejo de las existentes en el universo.

Y así yo solicito que mi propio ser y todo ser queden
unificados a estas en todas las formas
y en todo momento.
Así ya es y siempre bien será.

Frecuencia universal 2

Yo soy la energía universal que viaja y se reconecta
en frecuencia universal, soy el sendero que me guía
con cada frecuencia en cada instante.

Yo soy la esperanza que regresa y me transforma,
soy la mágica presencia matemática
que habita en mi interior.
Yo soy la fórmula mágica a la cual el universo
siempre responde, soy el amor que se reconecta,
soy la matemática universal siempre bien aplicada.

Y así solicito alinear mi ser a cada frecuencia universal
y que cada ser, si es esta su voluntad,
sea también alineado a ellas.
Así ya es y siempre bien será en mi ser y en todo ser.
Así es ya.

P. 19. ¿Por qué es tan importante saldar en esta vida el karma pasado que no pudo saldarse en vidas anteriores?

El karma tiene que saldarse siempre. Es como cuando debes dinero a la institución tributaria; sin importar cuánto tiempo pase, la suma sólo se incrementará. Lo mismo ocurre con el karma: toda acción que no sea saneada en su momento crecerá en dolor, amargura y dificultad para hacerlo después. Por ello es de vital importancia que sanees tu karma cuanto antes.

Mientras te encuentres en una existencia física, el proceso de saneamiento abarcará un espacio de tiempo infinitamente más breve y menos doloroso que si dejas tus cuentas pendientes para saldarlas cuando te halles en un plano astral que no conoce fin, por lo que la deuda resultaría también eterna. Por esta sencilla razón deberás trabajar para sanear el mayor karma posible durante tu estancia en un plano físico, sin comprometer tu futuro astral a pagar un karma pasado eternamente.

Decreto para
Sanar el karma económico

Yo solicito a la junta kármica
que escuche mi voz en este llamado,
con el cual solicito que me otorguen
una dispensa karmática por cada error
que pueda ser purificado y que se aplique el dharma
necesario para esta acción.

Yo solicito liberar mi alma de ataduras,
pactos y nudos karmáticos, que todo ser implicado
sea definitivamente sanado y perdonado,
purificado y amparado por la ley universal.

Que así sea ya otorgada esta dispensa karmática
que solicito hoy y que la misma actúe también
en todo ser que la solicite.

Así la luz vuelve a toda alma afectada
y siempre bien será para mí y para todo ser.

Decreto para
Sanar el karma en el amor

Yo soy la voz de la verdad y de la sanación
que viene a mi interior y así me sana de todo karma
anterior que pueda yo en este instante reparar.

Que este sea definitivamente purificado
y erradicado de mi ser y definitivamente reparado
y también erradicado de todo ser.
Yo solicito luz y sanación para todo error
que antaño cometí y que esta dispensa sea igualmente
otorgada a todo hermano que antes erró.

Yo soy la luz que sana la imperfección
y así expreso mi determinación para sanar
y reparar toda cuenta pendiente
que deba ser finiquitada,
incluyendo la sanación y el perdón
por parte de aquellos a quienes antes dañé.

Que la luz los bañe de amor, bondad, sanación,
abundancia y oportunidades, que restaure en ellos
y en todo su linaje aquello que antes yo laceré.

Así solicito esta gracia para mi ser
y para todos los que en todo espacio de tiempo
hayan cometido el mismo error que hoy reparo yo.
Así era en mi ser como en todo ser así es ya.

P. 20. ¿Por qué tenemos miedo de situaciones que no hemos vivido en esta vida?

Los miedos que consideras infundados son el recuerdo a nivel inconsciente de actos relacionados con cuentas kármicas que debieron saldarse en tu pasado.

Si la enfrentas de modo consciente, la idea detona en tu interior una alarma de protección que avisa de las graves consecuencias que deberás posteriormente saldar si cometes los mismos errores en esta vida.

Por consiguiente, es esencial que comiences a sanear todo karma, aun si no estás consciente de él.

Sólo requerirás expresar el amor universal y el sincero perdón para cada acto de antaño que no recuerdes y que no represente una acción realizada durante tu presente físico, esto es, el manto en el cual vives en la encarnación presente.

Decretos para
Combatir el miedo

Combatir el miedo 1

Yo termino hoy con todo temor,
me alejo de todo miedo.
Yo me reconozco en luz y protección
y te envuelvo en la divina protección.

Así me alejo hoy de todo mal, todo temor
y toda imperfección, que esta luz te bañe hoy a ti
y a todo ser que pueda requerirla.
Así el miedo y el temor se alejan de mí
y de ti en inmediata acción.

Así es y siempre bien será en mi ser
y para todo ser, así será.

Combatir el miedo 2

Yo soy la luz que viene a mi ser
y que todo miedo acalla,
yo soy la divina protección que aleja de mí el temor.

Soy el manto de luz que me cubre
y hace invisible ante todo mal,
soy la alegría que siempre me abraza,
la fuerza de luz que nadie puede dañar.

Yo soy la palabra expresada que todo daño repele,
así soy yo y bajo este manto de luz
yo me protejo y protejo a todo ser
que quiera ser protegido por la luz universal.

Así soy yo y cada ser así siempre bien será.
Así es ya.

P. 21. SI ESTOY ATORADO EN UNA SITUACIÓN ADVERSA PARA MÍ ¿CÓMO PUEDO ROMPER EL CÍRCULO Y SALIR DE ELLA?

Para esto deberás aprender a dejarte fluir en los hechos bendiciéndolos en vez de maldecirlos. El amor sana y transmuta dolores y odios.

Por tanto, el amor que expreses hacia la situación al bendecirla repercutirá en la vibración actual que encierra la situación. Así, al producirse un cambio de frecuencia vibratoria en ella, causado por la frecuencia del amor, tarde o temprano cederá ante sus bondades. Ello detonará la abrupta ruptura de la burbuja energética de dicha situación y eliminará los patrones errados que la mantenían en eterna suspensión y que evitaban que te pusieras en movimiento para continuar tu sendero evolutivo.

Bríndale amor a la situación que odias y que esperas transmutar y pronto verás cómo la misma cambia y se libera, liberándote a ti de todo el mal y dolor que te causaba.

Decreto para

Romper la negatividad energética ante una situación adversa

Yo soy la fuerza universal que destruye toda
negatividad en mi proceso de pensamiento,
yo soy la fuerza universal que destruye toda
negatividad en mi sentimientos,
yo soy la fuerza universal que rompe

todo ayer destruyendo ya cualquier dolor.
Yo soy el ser de luz que sólo mira el bienestar.
Yo soy el amor que sana en mi interior toda imperfección.

Así hoy proclamo que el amor, la paz y la bondad
sean siempre sustentados ante toda adversidad
y se conviertan en mi propio escudo que me sana
ya de toda negatividad.

Así esta se aleja de mi existir y solicito
que se aleje de toda la humanidad, en todo tiempo,
bajo toda forma, que sea siempre transmutada en luz
y amor universal.
Así siempre bien será para mi ser y para cada ser.

Decreto para
Romper la negatividad en el pensamiento ante una situación adversa

Yo solicito a la magna presencia universal
que retire de mi ser toda negatividad,
yo solicito a la magna presencia universal
que te sane ya de toda negatividad.
Yo vuelvo a la claridad que me permite ver lo mejor
ante cada adversidad, soy la clara respuesta
que ilumina ya mis sentimientos y pensamientos.

Soy el silencio constructivo que no escucha amenazas,
soy la sabiduría otorgada que destruye toda
negatividad, en toda forma y bajo toda circunstancia.

Así yo sano mi existir y solicito que esta misma
sanación se aplique siempre a todo ser que pueda
requerirla.

Las gracias les doy sabiendo
ya que así siempre para todo ser bien será,
así es ya.

P. 22. ¿Cómo identificar los patrones de culpa y victimización para no caer en ellos?

Si tus seres queridos se alejan de ti y comienzan a evitar conversar contigo, te darás cuenta de que ellos comprenden que te conduces con patrones malsanos de conducta envueltos en culpas y en conceptos errados de víctimas. Solicítales que escriban una lista de las palabras que comprenden las culpas y los falsos patrones de víctima que expresas continuamente.Después de leer la lista, evita todo reproche o acto de soberbia o de ira. Agradece y ama al hermano que demostró su valentía al facilitarte una poderosa herramienta de autoconfrontación. En ese papel está incluida la clave de sanación.

Una vez identificados los patrones de culpa y de víctima, anota un término positivo opuesto a cualquier patrón destructivo. Por ejemplo, si la lista contiene la frase "Yo soy la víctima eterna de la vida", sustitúyela por "Yo soy la fuerza eterna que traspasa y sana todo problema, saliendo fortalecido y bendecido de la experiencia, así sea".

Decretos para
Erradicar la victimización

Erradicar victimización 1

Yo soy la voz que me libera de toda victimización,
soy quien se aleja de todo ser que se victimiza,

sabiendo ya que no busco atraer vibraciones
de esta índole.

Yo soy el ser que se libera de los recuerdos
relacionados con el dolor, el que se reconcilia
con la vida en cada instante, que regresa a la luz
y no escucha más reproches del ayer.
Yo soy el ser que comprende que vive aquello
que antes creó.

Así solicito que cada ser se ame, perdone
y libere de toda victimización.
Así solicito liberar mi dolor
y salir de todo papel de victimización,
sabiendo ya que así será en mí y en todo ser.
Así es ya y siempre bien será.

Erradicar victimización 2

Yo soy la luz que arranca de mi interior
la victimización, soy el ser que destruye
toda lamentación.

Yo soy la luz que sana todo mi interior
y así me libero del dolor.
Yo soy el amor que destruye este patrón,
soy la luz que se expande y destruye toda
victimización.
Yo soy la luz que promueve en mi interior y en el de
todos los que así lo anhelen, la inmediata sanación
ante toda victimización.

De esta forma yo proclamo que mis palabras
sean inmediatamente escuchadas y que,
siendo el ser que hoy soy, sane ya de esta situación.

Y solicito también que esta misma gracia sea siempre otorgada a todo ser que sufra esta situación.
Así es ya y siempre bien será.

Decreto para
Eliminar la autocompasión

Yo viajo al centro universal donde soy sanado,
donde se transmuta cualquier pena,
dolor o desamor, los cuales desprogramo
de toda mi realidad.

Yo soy la magia divina que viaja,
me reconforta y me otorga toda fuerza mágica
y bendita que no sucumbe a los abusos externos,
que no se lacera por ellos, que no sufre ni es dañada,
puesto que yo soy constantemente programado
únicamente para actuar y aceptar la pura divinidad.

Yo soy la mágica luz dorada, soy la mágica luz morada
que todo reparan, que me brindan siempre
oportunidades infinitas.

Yo soy el milagro presente, palpable
y sustentable en el que me apoyo,
bajo el cual me amparo.

Yo alejo todo patrón autodestructivo de mi ser,
no me siento más víctima ni victimario,
no juzgo a los demás ni acepto
que los demás me juzguen jamás.

Así yo soy la pura libertad que se programa
a recibir sólo el más alto bien universal.

Así es y así siempre bien será.

P. 23. Al intentar sanar una situación mediante decretos, meditaciones y oraciones ¿cómo saber cuándo ya quedó saldada?

Es muy sencillo: lo sabrás cuando puedas hablar de dicha situación con gran naturalidad, con valentía, sin lágrimas de por medio, sin pausa en tus palabras, sin una mirada colmada de ira, sin maldecir. Cuando seas capaz de bendecir en plenitud a cada ser que antes te laceró. Eso querrá decir que ya has transmutado y eliminado el karma asociado y comprendido en dicha situación.

Decreto para
Sanar abusos

Yo soy sanación y bondad en perfección.
Yo transmuto el malestar, las penas,
los temores y el desamor.
Yo equilibro el universo con mi sola presencia
universal.
Yo doy amor y recibo amor, soy la liberación
que no conoce dolor.
Yo llego a Dios mediante mis actos, pensamientos
y palabras.
Yo aprendo siempre de mis errores, en calma,
sin desgaste, ira ni odio.
Yo acepto los actos que no puedo cambiar,
bendigo mi aprendizaje y mi evolución,
así como los del prójimo.

Yo doy amor, doy perdón, me encuentro
en bondades infinitas.
Yo reflejo el amor absoluto en cada mirada,
en cada sonrisa.

Yo me sano mediante la condonación y evoluciono
en cada acto de respeto hacia mi ser y mis semejantes.
Yo respondo al divino fluir en el silencio
que no defrauda la confianza depositada en mí.
Yo amo y glorifico cada gesto, cada pensamiento,
mirando en los demás sólo amor, perdón y tolerancia.
Yo comprendo que todo ser es vital para el universo
y comparto lo mejor de mí con quienes me rodean.
Yo soy el bendito amor que sabe bien verterse.
Así es, así sea.

P. 24. Al empezar a entender la unidad ¿estamos comprendiendo a Dios?

En efecto, ya que Dios es la extensión de cada ser y tú y los demás humanos, junto con nosotros, conformamos su figura astral y mental. Es decir, somos todos nosotros quienes creamos a Dios y, por su parte, él fue quien nos creó. Todos ustedes son parte de Dios, así como él es una parte que conforma cada ser vivo en cualquier línea de tiempo, de espacio y de plano existente.

Decretos para
La unificación con Dios

Unificación con Dios 1

Yo soy el que yo soy y así activo mi unificación
con la divina fuente, esa que habita en mi interior.

Yo soy la fuerza indestructible de la solución
que siempre se reencuentra con Dios sin importar
la situación.

Yo soy la palabra que repara,
soy la esperanza que siempre sana,
soy la divinidad expresada que me protege
ante toda imperfección.

Soy el divino placer que siempre encuentra
la liberación de toda imperfección,
así hoy me reconozco en Dios, sabiendo
que él habita siempre en mi interior, en mi ser.

Así ya es que yo soy el que soy en inmediata acción.
Que cada ser se reencuentre con su divino
Dios siempre en amor y sanación.
Así será, para mi propio ser y para todo ser, así es ya.

Unificación con Dios 2

Yo me unifico al universo desde su propio núcleo,
así me abro a la luz y en ella encuentro a Dios.

Yo soy el ser que se expande en su propia divinidad
ante todo hecho y ante toda presencia siempre vuelvo
yo a la luz universal.

Así soy yo el ser que se sana, que se expande,
que siempre evoluciona, que se purifica en divinidad.
Así es ya en mi ser y en todo ser siempre bien será.

P. 25. ¿Cuál es la manera más rápida de comunicarme con mi yo superior?

Tu yo superior está en ti, está en perfecta unidad con Dios. Si te diriges humildemente a tu ser superior le estarás hablando a Dios y si le hablas a Dios le hablas a tu ser superior. Si bien en principio son dos entidades diferentes, en esencia son la misma, la verdadera y la única divinidad que está unificando a todos los seres vivos que habiten en cualquier plano existente, físico, mental, emocional, espiritual, astral o universal. Independientemente de la línea de tiempo que comprenda, si quieres sinceramente evolucionar, respeta, reconoce y acepta la idea de que eres una extensión de Dios y que tu ser astral habita en Dios y también dentro de ti.

Decretos para
Entablar relación con el yo superior

Yo superior 1

Yo soy la voz de mi ser que se conecta con mi propia divinidad, aquella que mora en las esferas de la luz.

Yo vuelvo hoy a mi fuente, me conecto siempre con Dios en unidad universal.

Así soy yo hoy el ser que soy, y que emite luz
dondequiera que voy y desde el fondo de mi ser.
Así elevo mis partículas y las dirijo siempre a Dios.

Así es ya y siempre bien será para mí y en todo ser,
así siempre bien será.

Yo superior 2

Yo soy la luz que me guía y me eleva,
que viaja por todo el universo y me conecta
con la mágica presencia de Dios,
quien es aquel que yo soy
y que habita siempre en mi interior.

Así es ya y siempre bien será para mí y para todo ser,
así será.

P. 26. ¿Qué elementos hay que eliminar para lograr el renacimiento interior?

Estos elementos son ya los bien conocidos por ti, aquellos que en tu fuero interno sabes que son errados e imperfectos, pero que, por normas sociales, eliges autoengañarte y fingir que son correctos. Entonces, deberás deshacerte de la soberbia, la calumnia, la maldad, la deshonestidad, la traición, la indignación, la ira, el desamor, la desdicha, la blasfemia, el egocentrismo, la codicia, las malas palabras, las malas intenciones, los malos pensamientos, los malos hechos, la falsedad, el odio y todo acto desprovisto de bondad, ética, amor y respeto hacia cada ser, propio o ajeno.

Decreto para
Sanar y renacer

Yo soy la sanación y el amor expresados
sanando todo dolor.
Que toda imperfección, temor y desamor
sean finiquitados de todo ser y de toda resonancia.
Yo soy luz y soy amor,
soy la fuerza que no acepta pesar.
Yo soy la fuente divina en actos,
emociones y reacciones.
Soy el ser que aprende de todo fallo,
sin dolor, ira u odio.
Soy la luz que acepta su ayer bendiciendo
sus experiencias,

yo sano mis heridas, así como las de mis semejantes.
Yo expreso amor y otorgo perdón,
soy la esperanza infinita.
Me abro al divino fluir, en cada ser, en cada hecho.
Yo renazco a la luz, al amor,
olvido y desarraigo de mi ser toda
imperfección ajena y propia.
Que sean la bondad, la alegría y la plena sanación
las que vistan todo mi ser abriendo mi alma
a un nuevo renacer.
Que este me ofrezca bienestar
y sinceridad en toda relación.
Yo acepto a cada ser sabiendo que es vital
para el cosmos.
Así resueno en la luz y en amor,
en perdón me libero de todo rencor, odio y segregación.
Así será.

Decreto para
Combatir la ingratitud

Yo fluyo en paz entre mares y cielos,
entre aguas y tiempos.
Así transcurre la gratitud.

Que sea esta rescatada y aplicada,
que desaparezca la ingratitud.
Así yo pido que la gratitud regrese,
que en toda situación se aplique en pura elevación.
Que la justicia se aplique, que la gratitud
se restaure en plenitud
y se mantenga instaurada por siempre.
Que no haya más ingratitud en los hogares,
naciones y acciones.

Que así se equilibre toda energía,
situación, contexto o momento.
Así es, así sea.

P. 27. ¿Cómo puedo descubrir mi verdadera vocación y alcanzarla?

Tu verdadera vocación llegará a ti cual divino y natural fluir de la vida. Llegarás a ella por accidente, en un acto reflejo al cual la vida misma te ha conducido sin haberte empeñado en intentar alcanzarla. Por ejemplo, si eres un profesional, un artesano o un artista, quizá te hayas empeñado en serlo (ya sea por voluntad propia o por presión familiar), cuando tu verdadera vocación es aquella que te produce satisfacciones y bienes materiales y obedece a una casualidad que te abrió las puertas a una nueva forma de vida que te ofrece gratificaciones sin tener una instrucción correcta al respecto.

Decretos para
Descubrir la verdadera vocación

Descubrir vocación 1

Yo soy hoy el ser que solicita divinidad
y que sea esta quien siempre me guíe
a la luz de la verdad y así sea revelado
el motivo esencial de mi existir.

Que este sea también revelado a todo ser
que lo requiera en dulce verdad.
Que sea ya transmitido a todo ser y así sea
ya en mi propio ser. Así será.

Descubrir vocación 2

Yo soy la luz que me ampara y me eleva
hasta revelar la verdad de mi existir.

Que esta luz me guíe,
se imponga en todas las acciones
y me conduzca a encontrar el motivo que guió
a mi alma a asumir esta existencia presente.

Y que esta misma gracia sea concedida
a todo aquel que la requiera.
Así es ya y siempre bien será, así es ya.

P. 28. ¿Cómo desvincularse de la familia o de quienes has tratado toda tu vida sin que nadie resulte dañado?

El amor es la mejor forma de romper vínculos. Cuando busques erradicar todo contacto con otros seres, deberás expresarte con sincero amor y en absoluta paz, reconocer aquella situación de la cual buscas erradicar todo vínculo y todo recuerdo cual si jamás hubiese existido en tu memoria celular.

Maldecir los hechos pasados nada sanará; pretender que no existieron nada reparará. Lo importante será aplicar sencillamente el siguiente decreto que te entrego.

Decreto para
Desvincularse sin lastimar

Yo me libero de ustedes, yo me libero del dolor;
yo acepto y afirmo en mi ser la enseñanza que

comprende y que debí haber aprendido desde
que habité bajo otro manto divino.

Yo me reconozco en sanación, en dulzura,
en sincero amor que me libera
y me brinda dulzura y sanación.

Yo los libero a todos ustedes de mi ser,
de mis recuerdos, del mal que pude
haberles causado aun sin saberlo.

Yo me libero de ustedes liberando aquí
y ahora toda energía universal, la cual,
mediante la llama violeta que ahora es mía,
entrego a la frecuencia 1116 para que sea
transmutada, liberada, perdonada
y saneada con sinceridad.

Regreso así en sincero y puro amor universal
a cada ser que en esta situación se encontró atrapado
y comprendido, a mis amados hermanos
(*nombre de las personas con quienes se desea romper
vínculos*).

(*Cuando se trate de sanear karma de otras existencias
pasadas, sustituye los nombres por las palabras
"mis amados hermanos existentes en mi dulce ayer".)*

Así sea ya la bendita transformación universal
que sana, bendice y libera a todo ser desde
cualquier línea de tiempo bajo la frecuencia 1116,
que es la responsable de toda bendición
y toda transformación en puro amor de esta situación,
así sea.

Bendiciones a ti, querido hermano,
déjame ya de ti partir.

Decretos para
Desvincular relaciones familiares imperfectas

Relaciones familiares imperfectas 1

Bajo la ley universal yo solicito al universo
que todo vínculo pasado errado e imperfecto
sea aquí anulado, purificado y disuelto.

Que toda alma sea plenamente liberada,
sanada y estabilizada, que nada obstruya la evolución
espiritual, que el mal se aleje, que la verdad reine,
la calma se instaure y así en plenitud se ejerza
la bendita transmutación.

Así es sustentado, está estabilizado, queda liberado,
saneando a todos en perfección espiritual.
Así es, así será.

Relaciones familiares imperfectas 2

Yo me libero de toda relación kármática,
imperfecta, castrante o destructiva.
Yo te libero de todo vínculo compartido
con mi propio ser.
Yo me libero de cualquier atadura
o imperfección que me impiden evolucionar.

Que todo error sea siempre reparado,
que todo dolor sea bien sanado,
que todo odio se transforme en sincero amor.

Así te libero de mi propio ser en todo
cuerpo físico, cósmico, kármico,

mental, espiritual y emocional.
Que tú bien sanes, que yo bien sane,
que todo fluya con divina naturalidad.

Así te sano, así te suelto, así te libero.
Así me amas, así me sueltas, así me liberas
con gracia universal terminado el vínculo está.
Así es, así sea, sin retorno alguno
por el bienestar y la paz universal.
Así sea.

P. 29. ¿Por qué si en algún momento pude conectarme con mi yo superior después nunca más logré hacerlo?

Tu divinidad existe siempre dentro de ti; más bien, has aprendido a olvidar que ella mora en silencio en tu interior. En realidad, jamás has abandonado del todo tu conexión universal con tu yo superior. Sencillamente, este entró porque así lo programaste en una etapa similar a una de sueño; para volver a ella, llámala infundiendo paz, serenidad, amor, tolerancia y bendiciones a tu existencia. Si lo haces cada día, se producirá un bendito renacer en tu ser, y reavivará dicha conexión de su prolongado estado de sueño.

Decretos para
Conectar con tu yo superior

Tu yo superior 1

Yo me conecto con mi propia elevación,
aquella que habita en la luz de Dios.

Yo soy esa energía que se expresa en pura divinidad;
en ella me resguardo, con ella a todo ser resguardo
y así yo logro hoy expresar lo mejor de mi ser
ante todo ser y en toda situación.

Así soy yo permanentemente la divina conexión
con mi yo superior.
Así es ya y siempre bien será para mí
y para todo ser, así sea ya.

Tu yo superior 2

Yo soy la luz que viaja directo a Dios,
soy la fuerza universal que me conecta mediante mi yo superior con la magna energía de la divina fuente,
la cual está expresada en mí y en todo ser desde el interior de nuestras almas.

Así yo soy quien hoy vuelve a la luz,
quien solicita que cada ser vuelva siempre a la luz,
al amor, al perdón.
Que así sea siempre expresada la divina sanación
en toda alma y ante toda situación.
Así es ya en todo mi interior y así era en cada ser.
Así es y siempre bien será.

P. 30. ¿Hacia dónde debe mirar el ser humano para descubrirse a sí mismo en elevación?

Dios se encuentra en tu interior, se sitúa en tu alma y debe estar en tus sentimientos, en tus acciones, en tus pensamientos. Cuando honras tu existencia con la elevación lo honras a él. Cuando te comunicas con tu ser, te comunicas con la grandeza universal y con Dios. En él te encontrarás y en ti mismo en elevación lo encontrarás, porque Dios y tú son lo mismo cuando actúas en amor, en humildad, en lealtad y con bondad.

Así regresas a tu más pura esencia.

Decretos para
Potenciar la elevación espiritual

Elevación espiritual 1

Yo soy la elevación que guía siempre mi alma
y solicito que esta habite siempre en la luz,
que genere luz y sea protegida siempre
por la misma luz.

Así yo me elevo y me conecto con mi propia divinidad,
la que habita en mi interior,
la que me remite siempre a Dios.
Que esta sea igualmente expresada en cada ser,
en todas mis relaciones, en todas las situaciones,
por el más alto bienestar universal.

Así será para mí y para todo ser.
Así es ya siempre en todo ser y en toda situación.

Elevación espiritual 2

Yo soy la magna presencia de Dios
actuando en mi interior, así yo elevo mis partículas
siempre en torno a la luz.
Yo soy luz que se expresa desde el corazón,
la luz que se comparte brindando amor,
perdón y respeto.

Soy la luz que te comparto y es inagotable
porque proviene directamente de Dios,
en ella me elevo y a ella recurro hoy
para alcanzar la elevación espiritual de mi alma
y en toda alma, en todo tiempo
y bajo toda circunstancia.
Que así sea ya en mi divino ser
y en todo ser siempre bien será. Así es ya.

P. 31. ¿Qué implican las misiones?

Una misión no es un juego ni es un negocio, conlleva un alto grado de responsabilidad de tu parte. Es un servicio que efectivamente deberá tener una remuneración ante todo espiritual y en segundo lugar económica; deberá ofrecer un servicio gratuito implícito. En qué porcentaje aportará beneficio económico y en cuál será el servicio gratuito, así como cuándo aplica uno u otro, te lo revelará tu tutor espiritual, quien te guiará durante tu misión. Una misión implica seguir normas astrales al pie de la letra. Se te guiará en su ejecución y, por tanto, muchas veces no serás tú quien tome las decisiones en función de tu bienestar; más bien, será su tutor y el alto astral quienes decidan qué procede o no respecto a ella.

Decretos para
Solicitar directiva en la misión de vida

Directiva en misión 1

Yo solicito que la luz venga a mi interior
y que dirija a mis pasos en toda decisión

que me guíe a la luz y al perdón.
Que me guíe con humildad
y sinceridad en esta misión que en mi existir detonó.

Y que esta misma luz guíe siempre
en cada misión de la luz a la humanidad,
en todo tiempo y bajo toda circunstancia.

Así es ya y siempre bien será.

Directiva en misión 2

Yo solicito que la luz venga a mi ser
y que se exprese en mi misión,
que esta sea clara y que la luz de Dios
guíe siempre cada paso ante este cometido
que hoy expreso en mi existir.

Así proclamo que sea la luz
la que se imponga en cada resolución
y en cada situación,
que reine en mi interior y en todo el exterior,
que reine ya en cada ser y en cada misión,
orientándolos a la luz.

Así es ya y siempre bien será.

P. 32. ¿Cómo puedo reconocer la misión?

Una misión será revelada normalmente en tres etapas con años de distancia entre un paso y el siguiente:

1. El aviso primario. Durante el lapso de un año se avisará al ser que tiene asignada una misión de luz, mas no se le brindará mayor información.

2. La asignación de la misión se hará desde antes de su nacimiento, en función de su naturaleza, carácter, habilidades naturales, nivel evolutivo, nivel vibratorio y nivel afectivo.

3. La llamada a iniciar la misión. El ser será informado de esta en un periodo de dos a seis años después de recibir el primer aviso, pero antes de la asignación formal, por medio de un sueño o una aparición. El maestro ascendido que actuará como su tutor le preguntará si desea colaborar con él o ella. (Aquí hago un paréntesis; recuerden que los seres astrales no somos ni femeninos ni masculinos, pero para facilitar la comprensión de nuestra esencia por parte de los humanos, nos referimos a nosotros como él o ella.) Tras confirmarse que el ser desea ya iniciar su misión, este pasará por una etapa de transición, en la cual se le efectuarán pruebas para saber su nivel exacto de compromiso con la ejecución de su misión. Posteriormente se le destinará un proyecto inicial; si lo ejecuta a satisfacción se elevará su nivel de funciones y se le encargarán algunas complementarias siempre relacionadas con la principal.

La misión se reconocerá pues encontrará vía libre de modo natural; es decir, por sí sola fluirá y se abrirá paso pese a cualquier traba y limitante humanas. Para efectuar tu misión no se requiere que tengas un título universitario o una profesión o un grado educativo específicos ni que te ubiques en un rango de edad determinado.

La misión sobrepasa con éxito todas estas pequeñas limitantes que la humanidad se impone, porque se trata de una petición superior y lo que es solicitado y planificado desde el alto astral ningún ser humano lo podrá impedir.

Toda persona vinculada con la misión de forma directa o indirecta pactó desde antes de su nacimiento su participación en ella, y dicha misión ofrecerá una cantidad específica de dharma a todos los involucrados de primera mano, es decir todas las personas que forman parte activa del proyecto.

Las misiones sanan y ofrecen crecimiento espiritual tanto a los involucrados de primera mano como a todo ser que sea tocado por esta misión específica, bien sea de modo activo o pasivo. Por otra parte, estos participantes están relacionados por vidas pasadas, ya que toda misión que iniciaron en otra existencia continuará en vidas posteriores.

En ellas, de un modo primario, se inducirá a quienes posean conocimientos más puntuales o más vagos, así como la misma necesidad de crecimiento espiritual que los pasivos (aquellos ajenos al desarrollo de la misión pero que requieren alcanzar conocimiento sobre ella y a la vez ejecutan un papel más elevado al estar asociados de primera mano con alguna otra misión).

Los siguientes son algunos beneficios para los involucrados de primera mano en la misión:

- Beneficios dharmáticos
- Reducciones kármáticas
- Aprendizaje acelerado
- Apertura de chakras
- Apertura espiritual

- Acceso a información clasificada, por así decirlo

Decretos para

Solicitar que tu misión de vida detone en tu existir presente

Misión en tu existir presente 1

Yo solicito a los seres de luz que me auxilien
y me guíen hasta encontrar mi propia misión.
Que esta sea clara y armónica, noble,
justa y auténtica; que transforme mi existir
elevándolo y eleve y transforme vidas
en alegrías, en sanación, justicia y amor.

Así solicito revelar mi misión y solicito
esta misma gracia para todo ser
que requiera de esta.
Así es ya y siempre bien será,
así es ya en mi existir y en todo ser
y siempre bien será.

Misión en tu existir presente 2

Yo soy el ser que soy y bajo esta sagrada conexión
solicito que la verdad de mi existir sea revelada,
que detone en luz, en sanación y evolución tanto
para mí como para todo ser y que así sea ya
y siempre bien será desde mi interior y desde tu interior.

Así solicito que la luz vuelva a toda la humanidad,
que eleve a todo ser y lo guíe a encontrar siempre
la verdad de su existir con nobleza, amor,

humildad y respeto, que esta ética universal
se imponga en toda la humanidad,
que así se exprese toda misión
y que cada una se oriente
siempre solamente a la luz.

Así es ya y siempre bien será.

P. 33. ¿Qué supone una misión, son iguales todas?

Un pacto astral que es previo a tu nacimiento; una alta dosis de honestidad, de bondad, de tolerancia; un arduo trabajo; un alto desempeño; saber acatar normas astrales; un compromiso y ética personal. La misión es el centro de tu plan divino y crecerá a medida que te prepares para seguir adelante.

Las misiones no son iguales pues cada una cumple un fin específico y será llevada de la mano de forma diferente. Estas normas particulares responderán únicamente a esa misión, es decir, los lineamientos anteriores responden a todas las misiones en todos los espacios y en todas las épocas. Sin embargo, cada misión será única porque cada ser es único y posee cualidades y pensamientos únicos, y cada misión se relaciona con cada ser en función de su más pura esencia. Por ejemplo, si no te gusta el trato con el público, tu misión jamás estará asociada de modo directo con el público.

En este caso se te asignará una misión de investigación, como podría ser desarrollar una tecnología para la humanidad que resulte benéfica o bien para encontrar la cura ante una problemática y ante una enfermedad de índole mundial.

Decretos para

Romper pactos astrales de vidas pasadas

Pactos astrales 1

Yo soy el ser que solicita eliminar todo pacto anterior,
yo solicito romper toda promesa y resonancia
anteriores y que esta energía que antes fue residual
se transforme en luz universal.

Así solicito que esta misma gracia
sea concedida a toda alma que more en todo plano,
tiempo y espacio, sea este mental, emocional,
energético o astral.

Yo solicito que todo ser sea beneficiado desde hoy
y por el tiempo comprendido en toda la humanidad
presente, futura e incluso pasada.

Que las almas sean sanadas y liberadas de todo pacto,
atadura, cordón y promesa.
Las gracias en mi nombre y en el de la humanidad
les doy, sabiendo bien que así ya es
y siempre bien será.

Pactos astrales 2

Yo soy la luz que rompe todo pacto,
toda vieja promesa y atadura energética.
Yo soy el ser que solicita que queden erradicados
en todos los humanos, en toda alma presente o futura
para que puedan liberarse al fin de toda energía
residual que estas hayan podido causarles.

Que así se haga siempre la luz en mi divino existir
y en el de toda la humanidad.
Así es ya y siempre bien será para todo ser, así será.

P. 34. Cuando el alma vuelve al astral ¿vuelve a fundirse con Dios?

Las almas de los seres vivos son una parte extraída de Dios. Sin embargo, tras volver al plano astral, no vuelven a fusionarse con la fuente (Dios); evolucionarán de modo independiente, aunque siempre estarán ligadas a él. Cuando dichas almas alcancen la perfecta evolución, se acoplarán en vibración a la fuente, sin reintegrarse pero permaneciendo como una esencia propia de esta fuente a partir de la cual fueron creadas.

Dios siempre formará parte de todos y cada uno de los seres vivos. Pero el alma humana siempre tendrá su libertad de pensamiento, de sentimiento y evolutiva, que sólo será posible si es independiente de Dios. Si volviera a integrarse a Dios tras su muerte, sería de nuevo una unidad con él y, por tanto, no tendría más cabida esa libertad evolutiva, de pensamiento ni de sentimiento. De suceder esto, la evolución ya no sería posible. Pero no temas. El hecho de que no estés fusionado a él, no significa que te haya abandonado; por el contrario, te ama tanto que te permite ser, crecer y evolucionar libremente, respetándote al otorgarte una total libertad de pensamiento, sentimiento y acción.

Dios te ama y siempre está presente para ti. Tú eres quien determina si le brindas o no cabida en tu existir. De tal forma, si te sientes abandonado o ignorado por él, en realidad, eres tú mismo quien, mediante la imperfección vibratoria y emocional, lo ignora y lo abandona, impidiéndole que te ayude. Sea tu pensamiento perfecto o imperfecto, él, como todo ser del alto astral, deberá siempre respetar tus elecciones producto de tu libre albedrío.

Decretos para
Alinear el alma de quien ha fallecido a la energía de Dios

Alinear alma 1

Yo soy la mágica presencia que mora en mi alma;
a esta proclamo para que sea la que restaure
el alma de todo ser que ha vuelto a la luz.
Así solicito que todas ellas sean perdonadas,
sanadas y remitidas a la luz, y, de no ser posible,
que vuelvan inmediatamente a ella.

Solicito que se les envuelva en amor
y perdón para que logren sanar
y retornar a la luz cuando así les corresponda.
Así es y siempre bien será en toda alma, así es ya.

Alinear alma 2

Yo solicito que la mágica esencia de cada ser
se transmute y oriente siempre a la luz.

Yo solicito que todas las almas que regresan
cada instante a la luz sean recibidas
y sanadas desde la luz y así queden liberadas
de toda atadura terrenal.

Que así sea en todas ellas y en cada alma
que vuelva ya al plano de la luz.
Así es ya y para toda alma siempre bien será.

P. 35. A quien desconoce que puede hacer uso de su dharma ¿cómo se le informa que tiene ese poder?

Tras su muerte, todo ser humano, al llegar a la evolución con la junta kármica, conocerá su saldo karmático y el dharmático. De tal modo podrá aplicar con libertad este último para reducir al mínimo el peso de las lecciones karmáticas durante la nueva existencia, o bien, para realizar mejoras en su próxima existencia. Todo saldo dhármico está disponible en cualquier momento y puedes transferirlo, si así lo decides, para ayudar a sanar karma propio o ajeno. El dharma no utilizado no se elimina, se acumula.

Decretos para
Solicitar la aplicación del dharma

Aplicación del dharma en cuentas familiares

Yo solicito por la ley 1212 70 88 16
que mi dharma necesario sea siempre aplicado
ante toda cuenta kármica familiar
y que mi alma aún no logre bien sanar,
que esta ley quede activa desde este instante.
Así solicito el sincero perdón a todo ser
que antes dañé, a quien hoy promuevo a la luz,
que esta lo conduzca siempre a las esferas
del amor y la iluminación.
Así es y siempre bien será.

Aplicación del dharma en cuentas laborales

Yo solicito por la ley 1212012
que el dharma que me corresponda
se aplique a todo saldo kármático comprendido
en cada uno de los trayectos laborales
que mi alma haya recorrido,
que sean siempre purificados, que rompan
y arranquen de mi alma todo bloqueo
y no se expresen más en mi realidad terrenal.

Así solicito el sincero perdón a todo ser
de quien abusé, al que exploté o dañé.

Hoy, sinceramente arrepentido,
les solicito que me sanen y perdonen,
los oriento a la abundancia universal en toda forma
y bajo cada ámbito de su divino existir.

Que les envuelva en amor, perdón,
salud, abundancia terrenal y espiritual.
Así es ya y siempre bien será para toda alma
a quien antes causé un daño.

Así solicito que mediante este decreto
queden eliminados de mi alma toda atadura
y todo bloqueo que han afectado mi desarrollo
profesional.

Que así sea ya y la divina luz repare
y me ofrezca nuevas oportunidades laborales,
como aquellas que yo solicito para todo ser
que antes perjudiqué.

Que así sea ya y siempre bien será.

Aplicación del dharma ante una enfermedad

Yo solicito a la ley 12127116 que venga a mí
y actúe para eliminar todo karma
relacionado con la falta de salud.

Yo solicito el perdón por cada vida
que no cuidé y que enfermé.

Solicito la sanación a mis emociones erradas,
el perdón por cada palabra,
intención y pensamiento errados
que me han causado esta lección.

Yo acepto la enseñanza oculta detrás
de cada enfermedad, solicito aprender de estas
para poder superar la enfermedad,
agradezco su presencia y solicito que se retire
pero que su enseñanza en mí perdure
para elevarme y hacer de mí un ser más puro
y digno, colmado de amor y humildad.

Que así sea ya en mi propio ser y en todos
los que afronten un problema de falta de salud.
Las gracias les doy sabiendo ya que he sido escuchado.
Que así sea ya en mi interior y en cada ser.
Así siempre bien será.

Aplicación del dharma ante una situación de karma emocional

Yo solicito el sincero perdón a todo ser de cuyo
amor y bondad hacia mí antes abusé,
solicito sanar cada manto que antes dañé
y toda resonancia implícita en imperfección.

Yo solicito que la frecuencia 12121290 6616
se encargue de sanar mi existir
y retire de mí cualquier bloqueo
relacionado con el amor.

Que elimine todo dolor, lágrima
y mala experiencia que me causé
por la resonancia de mis errores de antaño.
Así solicito que el aprendizaje quede en mi interior
y el perdón se otorgue hoy.

Me comprometo a respetar, amar y valorar
el nuevo amor que mañana llegará a mi existir
y siendo digno de este regalo, solicito también
que cada ser al que perjudiqué
reciba la parte de mi alma que deba aplicarse
para sanar y reparar el daño que le ocasioné.

Que así sea ya y siempre bien será en mi propio ser
y en todo ser. Así será.

Nota: este decreto es muy poderoso y al pronunciarlo puede causar ataques de tos, mareos o incluso vómito. Hazlo por las noches y no antes de salir de tu hogar.

P. 36. ¿Qué puede hacer un menor de edad y dependiente económico que vive en un ambiente envenenado por el odio y la maldad para substraerse de él?

El entorno no tiene por qué detonar la maldad en un ser y, a pesar de dónde se desenvuelva, una persona no tiene por qué comprometer su existencia. Sin importar cuán precario o errado resulte este entorno, cada ser posee la fortaleza interior de sobreponerse a él sin resultar afectado.

Tu entorno es causal, pero no el detonante. Deberá ser un motor que te impulse a sobreponerte a las dificultades y a los errores propios y ajenos. Procura hacer de tu existencia tu obra de arte, puliendo y acrecentando tus cualidades y erradicando tus imperfecciones personales.

Reglas para sobreponerse a un entorno lacerante sin comprometer tu integridad emocional, física o de conducta

- Fijarte objetivos personales que sean constructivos y legales
- No mirar el mal, ni prestar atención a las situaciones y a las imperfecciones que estas arrojen
- Realizar actividades recreativas
- No prestar atención al dolor físico o espiritual
- Agradecer cada día todo aprendizaje que la vida te ofrece
- Bendecir toda experiencia, problemática y a todo ser vivo

Ábrete al amor, olvida la maldad, olvida el desamor, olvida toda imperfección, y concéntrate en convertir a tu existir en la realidad que anhelas alcanzar.

Decretos para
Terminar con el odio

Terminar con el odio 1

Yo soy el manto blanco que brilla siempre
en mi corazón.

Soy la mágica presencia de Dios en mis acciones,
quien guía mis pasos en humildad,
serenidad y lealtad.

Por voluntad propia y divina,
aquí elimino todo odio, alejándolo
definitivamente de mi ser y mi existir.

Yo soy únicamente amor, sólo quiero compartir
afecto total, olvidando desde hoy cualquier
odio que pudiera sentir, sin permitir
que este me perturbe o invada,
sometiendo mi alma ante él.
Yo soy tan sólo amor.

En él me apoyo, por él perdono, en él crezco,
en él proyecto, con él comparto y en él creo.
Soy la magia presencial, decretada en sincero amor
que siempre sana, bendice y purifica.

Yo solicito que todo corazón sea siempre bien
fortalecido, que el dolor sea divinamente transmutado,
que el odio sea eliminado, purificado, regenerado,
sometido a cada instante a una metamorfosis
en cada corazón, en la humanidad entera.

Que no haya más crueldad, penas ni maltrato
a criatura alguna en ninguna sociedad.
Que nada lacere, que nada perturbe,
que mis palabras viajen tocando corazones,
sanando heridas, transformando odios para,
con la gracia presencial, convertirlos sólo
en sincero amor.

Así es y será bajo el pacto secreto de la ley 12 12 86 96.
Así es, así será.

Nota: El universo es matemático, por lo que algunos decretos involucran leyes universales para reforzar su eficacia al trabajar con ellos. En consecuencia, en este material encontrarán decretos que apelan a diferentes leyes que son las responsables de conducir ciertos temas de interés relacionados con cada ámbito, a los cuales hace referencia el mismo decreto que apela a dicha ley correspondiente.

Terminar con el odio 2

Yo soy la llama violeta que arde en paz y humildad,
desarraigando el odio presente a nivel consciente
e inconsciente, oculto en mi alma y en toda alma.

Que la luz violeta transforme y purifique
sanando siempre corazones y almas.
Que no existan más odios ni miserias,
desencantos o agresiones.
Que la maldad sea sanada y convertida en amor,
que el odio se elimine de la faz de la Tierra,
de las naciones y corazones.

Que no surja nuevamente la crueldad,
que siempre se elimine.
Que jamás se hiera a otra criatura
bajo ningún contexto, bajo excusa alguna.
Que no existan más pretextos para sembrar odio,
ni para aceptar males.

Yo transmuto en nombre propio y de todos los seres
los odios, las imperfecciones, los pesares.
Que ningún corazón vuelva
a perderse en el oscuro mal.

Que pronto las almas sean definitivamente sanadas,
las luces sustentadas y las alegrías justificadas.
Que el hermano animal obtenga siempre
un sincero respeto, sustento y contexto.
Que no se mate a las criaturas,
que no se maten los hombres.
Que todo siempre evolucione,
sin más odios, dolores o injurias.

Así yo transmuto en gracia universal,
programando, decretando, que cada alma encuentre
siempre en sus semejantes la dulce mirada
de aquel a quien mejor ama.
Así es la gracia espiritual bajo la cual sabrá
la transmutación lograr.
Yo solicito que acabe todo odio, que en los corazones
sólo se instaure siempre el divino bienestar universal.
Así es, así siempre será.

Decreto para
Salir de un ambiente contaminado de maldad

Yo soy la luz de Saint Germain, la mano de María,
el manto divino.
Yo soy el hijo de Dios, el hermano de Jesús,
que bien amparado está siempre de todo malestar.
Que no lleguen a mi hogar espectros ni energías,
que no fluyan en amor universal.

Yo me sustento en la luz, viajo en luz, soy luz divina.
Que nada me obstruya,
que nada interfiera en mi bienestar.
Yo soporto mi hogar en pura luz universal.

Yo soy luz, soy paz, armonía y plenitud.
Así yo soy.

Decreto para
Eliminar energías residuales negativas de los lugares

Yo soy la misma luz, la misma paz espiritual.
Yo soy la voz de Abundia que bien sabe siempre fluir.
Yo soy quien yo soy en pura divinidad, en cada acto,
pensamiento y sentimiento que se libera
de toda energía residual.
Soy quien sabe fluir en pura luz,
en divina luz, en total amor y armonía.

Así soy yo mi propia divinidad.
Así es y así siempre será.

P. 37. ¿Qué tipo de karma están sanando los niños de los albergues y en situación de calle? Y ¿qué pueden hacer para liberarse de esta situación kármatica?

Las lecciones que afrontas actualmente son las mismas que originaste antes. Así, las deudas kármicas que adquiriste deben ser saldadas hoy en día. A primera vista parece injusto que los chicos desamparados se encuentren en un orfanato con el dolor que deben afrontar. Sin embargo, más allá de dicho dolor, ellos aprenden y sanan situaciones generadas por ellos mismos en su pasado, cuando portaban otra identidad. Ellos cometieron el error que ahora afrontan, debido a los errores ajenos. Cualquier infante que se encuentre en un orfanato fue en otro tiempo alguien que abandonó a algún ser indefenso en una situación parecida; es decir, la madre que hoy abandona a un hijo fue la misma que antes fue abandonada por aquel que ahora es el hijo abandonado.

Esta situación karmática terminará como deba ser terminada en función de los aciertos y errores de cada ser. Si este chico tiene suficiente dharma, pronto encontrará, con ayuda del universo, un modo perfecto de salir de este entorno, por ejemplo, ser adoptado. Pero esto solamente puede lograrse de forma exitosa si el ser ha presentado suficientes acciones nobles durante varias existencias anteriores.

En cambio, si su cuenta karmática es mayor a su cuenta dharmática, entonces este chico no encontrará una adopción exitosa, y se verá forzado a pasar diferentes pruebas evolutivas en otros entornos hasta lograr perdonar y sanar su existencia en todos los ámbitos en los que alguna vez erró. Este chico deberá aprender a dar amor sinceramente y a perdonar sin rencor, por más difícil que esto pueda resultar. Cuando lo logre podrá sanar la situación anterior. Los menores en esta condición deben aprender a dar amor sinceramente y a perdonar sin rencor, por más difícil que esto les pueda resultar. Y cuando consigan hacer estas dos cosas, podrán entonces sanar la situación anterior.

La existencia no es vengativa, es equitativa: te da lo que has brindado antes. Por ello, no actúes con maldad, con odios, rencores, soberbia, ni ninguna otra forma de bajeza. Es muy importante que tus pensamientos y tus actos sean dignos, es vital que perdones las palabras y los hechos errados sin importar cuándo acontecieron, porque el rencor y el odio sólo generan karma, mientras que el perdón y el amor generan dharma, es decir, bendiciones en toda forma. Sin embargo, la felicidad no se basa en los bienes ni en la aceptación social; el dinero no representa la plenitud del ser.

Decretos para
Enviar luz y protección a los seres que viven en situación de calle

Luz y protección 1

Yo remito luz a todo ser que mora en las calles,
yo envuelvo en un manto de amor universal
a todo ser en situación de calle.

Yo emito sanación y que esta llegue
y toque corazones y sane realidades
en todo ser que mora entre las calles.

Yo soy la luz que siempre los ampara
y que una guardia angelical dirige hacia ustedes
en cada instante y, así, invisible,
hace frente a toda agresión.
Que en este manto de luz los rescate
a todos de esta situación,
que así sea ya y siempre bien será en ti
y en toda nación donde se sufra de esta situación.

Luz y protección 2

Yo dirijo a todo ser de luz que te confine
en el interior de un círculo mágico de protección,
que sea este manifestado en todo ser
que afronte esta situación.

Yo soy la luz que los protege con la intención universal;
que esta luz y este amor los aíslen de toda escasez,
maldad y peligro, que en Dios encuentren
la fuerza que los impulse a dejar atrás esta situación.

Así le pido al universo en nombre de cada alma
que mora en las calles que vengan a escuchar mis
palabras y que acudan ya a proteger y amparar
a todo ser que requiera ya de esta protección.

Que así sea en todo lugar y a toda edad, así será.

Que todo ser hermano mío, humano o animal,
encuentre ya la sanación y protección
que todos ellos merecen ante cualquier difícil situación.

Así, en luz y amor los dejo.
Así, en luz y protección siempre los envuelvo.
Que así sea ya y siempre bien será.

P. 38. ¿Cómo puedo saber si estoy ante mi última experiencia de vida terrenal o si aún me falta mucho por aprender y debo seguir afrontando ciclos de vida?

Ningún alma puede estar completamente segura de que esta será su última experiencia de vida; la junta kármica es quien lo determina una vez que el alma vuelve al astral. En muchas ocasiones, aun cuando ha llegado el momento para regresar al verdadero hogar, el alma humana decide volver a la Tierra para brindar amor y enseñar a más seres.

Cuando un alma regresa a la casa astral, cambia radicalmente el enfoque que tenía de sí misma, de su evolución, así como de sus afectos, logros y aprendizajes, por lo que sus decisiones son muy diferentes a las que habría tomado desde el plano físico.

Sólo 1% de las almas que están listas para volver al astral deciden quedarse; muchas, pese a estar listas, se asignan un número de existencias de servicio para ayudar a despertar a otras almas. En general, se trata de cinco a 10 existencias de servicio antes de volver a la casa astral, lo cual no solamente les duplica el dharma sino que también los introduce en un aprendizaje de servicio que más tarde les permitirá mejorar sus funciones en el plano astral.

Decretos para
Minimizar el tiempo de estadía de mi alma en el plano físico

Minimizar tiempo de estadía 1

Yo acelero mis partículas hacia toda lección
y las oriento a promover con rapidez
mi propia evolución.
Así solicito ver la realidad de cada error
que pueda cometer y solicito aplicar
todo el dharma requerido para pronto bien sanar
y transmutar todo mal en luz y amor universal.

Yo solicito a toda alma que antes dañé
me sea concedido el perdón y a modo de equilibrio
ofrezco yo mismo otorgar el sincero perdón
a toda alma que antes me dañó.

Yo soy la luz que está aquí para cada ser
que antes herí y en nombre de todos solicito

para ellos el sincero amor, la total plenitud
en todo ámbito de su existir.
Que este sea puro, colmado de amor,
oportunidades y alegrías.

Así igualmente solicito estas gracias para todo ser
que hoy daña sabiendo ya que en su propia evolución
implícita está la de toda la humanidad.

Así yo solicito ser escuchado, que mi alma logre
evolucionar con rapidez para acelerar
mi definitiva reintroducción a la luz.
Que así sea ya y siempre bien será.

Minimizar tiempo de estadía 2

Yo soy la mágica presencia de la luz,
que venga a mí y me ayude a acelerar
mi propio proceso de depuración.

Así solicito que mi alma sane
y evolucione a mayor velocidad,
para que logre alcanzar en prontitud
la reinserción a la divina luz.

Que así sea ya en mi propio ser,
el cual hoy solicita el sincero perdón
para todo aquel que antes perjudicó,
que toda gracia y bondad sean concedidas para todos,
donde sea que moren hoy.

Y a modo de servicio para la humanidad,
yo solicito que esta misma gracia se conceda
a toda alma que antes dañó y más aún,
a toda la que este dolor padeció.

Así lo solicito hoy y así envuelvo en luz
a las almas que moran en cualquier confín
del universo, que todas ellas pronto vuelvan a la luz
si así debe ser hoy.
Que así sea en mi existir y en todo ser.
Así bien será en mi propio ser y en todo ser.
Así es ya.

Sin embargo, algunas almas, tras terminar su ciclo de aprendizaje y saneamiento kármático, deciden no brindar este servicio extra y volver sin más al plano de la luz en el astral.

P. 39. ¿Cómo puedo saber en qué nivel evolutivo me encuentro?

La evolución espiritual no es una competencia contra el tiempo. Por el contrario, consiste en tomarse el tiempo que sea necesario para aprender a estar contigo mismo; cuanto más tiempo te dediques, más te conocerás a ti mismo. No hagas caso de los cuestionamientos ni las expectativas de otros seres sobre lo que deberías ser o hacer de tu propia existencia. Lo único que importa es que logres sobreponerte a tus propios temores y demonios internos, los cuales te han impedido perdonar tus errores del pasado y aproximarte más a tu alma.

Ya sea por dolor o por temor, te apartas de tu propia alma, de tus propias necesidades internas y te concentras en ser lo que los demás esperan de ti, con lo que terminas autoengañándote.

Al enfocarte en las posesiones y en las responsabilidades externas te has olvidado de ti mismo y de las necesidades primarias de tu alma. Y ¡claro que tienes responsabilidades con tu propia alma! Cuanto más te atrevas a indagar en ella, mayor será el conocimiento que tengas sobre ti mismo; de este modo aprenderás a reconocer con facilidad las señales que tu yo superior te muestra continuamente.

El creer que ya lo sabes todo o que has alcanzado tu máximo nivel evolutivo, es el indicador más claro de que estás errando tu sendero evolutivo, de que estás siendo guiado por tu yo inferior, el cual está asociado al ego. Y es por el ego que buscas falsamente la evolución, lo cual te impide evolucionar y te aleja de tu objetivo.

En cambio, si en todo momento actúas con curiosidad o humildad y procuras dar lo mejor de ti mismo hacia todo ser vivo; si lo respetas, lo amas, lo bendices, sin forzar nada, aprendiendo con la naturalidad y curiosidad de un infante, habrás encontrado el sendero correcto para alcanzar la perfecta evolución espiritual en el momento preciso. La perfecta evolución implica una buena dosis de humildad, de bondad, de piedad y de perdón, y una infinita curiosidad por soltarse al aprendizaje.

Aquellos que más conocimientos evolutivos poseen son los que se retiran de toda pretensión. En el silencio encontrarás la verdadera respuesta de tu existir. En la soledad encontrarás el infinito amor universal. En la adversidad se centrará tu fortaleza, siendo ella la conductora natural de todo éxito. Y el éxito no es más que el simple reflejo del fracaso anterior y del fracaso posterior, porque sólo a través de este se logra cimentar el aprendizaje en perfección.

Los indicadores para conocer tu propio nivel espiritual son la nobleza expresada en actos, pensamientos y sentimientos diarios, así como la actitud positiva que apliques al afrontar las adversidades, la dulzura y la piedad que expreses hacia tus oponentes, y el espacio que te brindes a ti mismo para continuar con tu proceso de aprendizaje evolutivo.

Repito, la evolución no es una competencia contra reloj, es una decisión de corazón que se pule paulatinamente. Esto se logrará cuando el tiempo sea perfecto, cuando hayas aprendido a procurar el amor y el bienestar ajenos tanto como el propio, cuando respetes a todo ser vivo sin cuestionar o considerar que tu derecho a existir está por encima del derecho ajeno a la existencia misma.

Decretos para
Comprender tu nivel evolutivo

Comprender nivel evolutivo 1

Yo soy la luz que solicita comprender su propio nivel
y que en este sea yo remitido siempre
a la evolución en cada ámbito de mi existir.

Yo solicito la gracia universal que me remita
al conocimiento que deba adquirir
y que este sea siempre sustentado en mi ser
como en todo aquel que pueda requerirlo.

Yo solicito desvelar los misterios
y aproximarme más a la luz para así afianzar
mi nivel evolutivo en cada paso que yo doy.

Yo soy la luz y la esperanza
que guían siempre mi evolución,

así soy yo y así será en todo ser
que este conocimiento pueda requerir.
Así es ya y siempre bien será.

Comprender nivel evolutivo 2

Yo soy la comprensión ante toda situación,
acepto todo aprendizaje que requiera hoy.
Yo soy la evolución que se sustenta siempre
en mi interior,
así soy yo y bajo este manto de luz solicito
la misma gracia para todo ser implicado que busque,
de forma directa o indirecta, su propia sanación
fomentando ya su propia evolución.

Que así sea ya en mi interior y en todo interior
siempre bien será.

P. 40. ¿Qué pistas me permiten conocerme mejor?

Existen muchos factores que ayudan en el sendero del autoconocimiento. Uno de los más exitosos y profundos es aquel que se centra en la soledad. Los seres humanos necesitan interrelacionarse con su entorno, y de esta forma se generan vínculos con amigos, familiares e incluso con desconocidos; pero cuando el ser se encuentra aislado se ve obligado a relacionarse o vincularse con su propio interior.

En el aislamiento social puedes encontrar la mejor herramienta para conocer tus necesidades internas y encontrar así tu propia esencia. Al descubrir tu naturaleza oculta por medio de la soledad podrás responder estas preguntas:

- ¿Quién soy verdaderamente?
- ¿Cuál es el objetivo central de mi existencia?
- ¿A dónde me guiarán mis anhelos?
- ¿Soy en realidad quien siempre anhelé llegar a ser?
- ¿Qué le brindo de bueno a la sociedad a la que pertenezco?
- Donde estoy hoy ¿es en realidad donde anhelé estar antes?
- ¿Cómo soy percibido por los desconocidos?
- ¿Cuán sinceros son los afectos que los demás me ofrecen?
- Los afectos que me ofrecen ¿responden a un beneficio económico o social?

Una vez que reflexiones sobre las respuestas a estas preguntas, enfócate en las siguientes.

- ¿Cuán pleno he sido hasta ahora?
- ¿Cómo podría ser totalmente feliz?
- ¿Qué necesito perdonar para liberarme del dolor?
- ¿Qué necesito olvidar para lograr encontrarme a mí mismo?
- ¿Me gusta o no mi presente?
- ¿Soy feliz con las relaciones que mantengo hoy en día, es decir mi familia y amistades?
- Cuando recuerdo mi proceder a lo largo de mi vida ¿me siento satisfecho o, por el contrario, tengo re-

mordimientos? Quien fui antes ¿era mejor o peor ser humano del que soy hoy?

Responde estos y otros cuestionamientos, con total honestidad; aquí no existen respuestas buenas o malas, exclusivamente se permiten las respuestas que son honestas para contigo mismo. Mientras no te atrevas a responderte con absoluta sinceridad, no lograrás evolucionar ni sanar tu alma. Cuando aprendas a responderte de esta forma, cuando logres perdonar y olvidar las imperfecciones propias o ajenas; cuando consigas conducirte con amor y con bondad, iniciarás tu verdadero autoconocimiento y el sendero evolutivo.

Decretos para
Autoconocerse mejor

Autoconocerse mejor 1

Yo solicito la apertura a mi propio mundo interior,
solicito que cada filamento de mi alma
y de sus vivencias puedan ser desvelados
para fomentar mi propia evolución.

Yo solicito que la luz me muestre la esencia
que yo soy desde el origen de mi propia creación
y que así los misterios sean siempre desvelados
y me conduzcan al crecimiento espiritual.

Así lo pido hoy y solicito esta misma gracia
para todo ser implicado que de esta pueda requerir
para alcanzar su propia evolución.

Que así sea ya y siempre bien será.

Autoconocerse mejor 2

Yo solicito que la luz se expanda en mi ser
y en cada ser, yo solicito que la solución
se revele hoy ante toda situación,
yo solicito que cada aprendizaje
que mi alma efectuó quede activo
y me ayude hoy a evolucionar mejor.

Yo soy la luz que viene y se expande,
y soy la voz de mi propia sanación.
Yo soy la alegría que regresa
y se instala siempre desde mi interior.

Así me abro al conocimiento universal
atrayéndolo a mi ser y que este modifique
y repare todo lo imperfecto
que vive en mi interior.

Así solicito que toda errada programación,
que toda memoria celular de dolor
sean definitivamente eliminadas de mi ser
y de cada ser que de estas pueda padecer.

Que así sea, que se abra mi mente
a la divina comprensión y que mi alma
me muestre el sendero de mi propia evolución.
Así ya es y siempre bien será para mí
y para todo ser así es ya.

P. 41. Cuando usted habitó en la Tierra ¿tuvo un maestro ascendido que guiara sus pasos evolutivos?

Fui un simple ser humano como tantos otros que hizo lo que pudo con lo que tuvo; indudablemente cometí múltiples errores. La evolución no es posible sin un previo tropiezo porque sólo la derrota trae el tiempo de la reflexión, siendo este el tiempo perfecto para la evolución.

Yo fui tan imperfecto en cada una de mis existencias como todos tus antepasados y como lo eres tú ahora. Es un hecho natural errar el camino y aprender de ese error. Aunque el universo siempre te muestra el sendero correcto al presentarte las consecuencias de los errores ajenos, el ser humano se ve obligado a seguir un doloroso proceso propio en vez de aprender de los errores ajenos. Fui bastante indisciplinado durante muchas existencias; únicamente fue en mi última encarnación en la Tierra que aprendí a escuchar a mi maestro.

Sí, fui rebelde, egoísta y soberbio durante casi todas mis existencias. Y es que nadie evoluciona sin conocer antes el dolor, porque gracias a este, el ser humano se preocupa por sanarlo y resolverlo. Así se comprende que el dolor debe ser sanado en cada forma de vida.

Durante mis existencias físicas fui guiado únicamente por mi ángel de la guarda, y posteriormente por el arcángel Rafael, con quien hoy en día mantengo una muy estrecha relación. A excepción de unos cuantos seres puntuales, en aquellos tiempos ni yo ni la humanidad estábamos listos para poseer más información metafísica ni para entrar en contracto directo con los maestros ascendidos. Por eso, ellos simplemente siguieron la historia de la humanidad cuidando de todo ser vivo desde una distancia determinada.

Los maestros ascendidos de aquella época eran responsables de guiar a la humanidad y de respetar sus procesos evolutivos naturales. Ellos han enfocado sus servicios al cuidado y protección de otros planetas y de los seres que habitan en ellos. Algunos han llegado a convertirse en seres tan puros, tan perfectos, que han decidido fragmentar su propia alma y esparcirla por todo el universo como un servicio de amor y de purificación sobre los planetas más necesitados.

Siempre han existido maestros ascendidos y otros seres de luz que cuidan de la Tierra. Antes de la aparición de la especie humana, los maestros ascendidos se encargaban de cuidar a plantas y árboles.

Aún no estoy autorizado a revelar los nombres de los generosos maestros ascendidos que cuidaron de la humanidad mientras moré en la Tierra en el plano físico, tampoco es necesario conocerlos; lo importante es el ejemplo y legado de amor que ofrecieron a la humanidad. Cabe destacar que sólo uno de ellos aún continúa prestando servicio directamente al planeta Tierra.

Decretos para
Ser discípulo de un maestro ascendido

Discípulo de un maestro ascendido 1

Yo solicito con total humildad,
renunciando a todo ego, soberbia y maldad,
ser por ustedes considerado un aprendiz de la luz.
Así solicito ser aceptado por aquel
que mejor me pueda guiar,
así yo acepto sus tiempos y enseñanzas,
y asumo el compromiso que con esta relación
deberé afrontar.

Yo soy la sincera solicitud a ustedes efectuada
y así solicito ser considerado por cada uno de ustedes
en luz y amor.
Les agradezco porque sé que así será
en el instante indicado.
Así será y así es ya en mi divino ser
como en todo ser que lo pueda requerir.

Discípulo de un maestro ascendido 2

Yo soy la palabra solicitante que entrega a ustedes,
mis hermanos ascendidos,
el pedimento de que me otorguen su confianza
y me acepten en una de las muchas misiones de la luz,
aquella en la cual consideren mejor les pueda servir.

Así les solicito que todo fluya y se me acepte
para proseguir una nueva iniciación a la luz
bajo la guía de aquel de ustedes que quiera guiarme.

Sabiendo que así será, las gracias les doy en mi nombre
y en el de todo aquel que quiera evolucionar
y con ustedes trabajar.
Que así sea ya y siempre bien será.

Nota: en general, estos decretos funcionan. Sin embargo, en este caso específico, no es posible asegurar que se llegue en la existencia actual a ser discípulo de un maestro ascendido. Este decreto sólo permite serlo, pero será el propio maestro ascendido quien determine en qué existencia se encontrará el ser listo para comenzar sus estudios de la mano de dicho maestro. Por ende, habrá casos en los cuales funcione en la existencia presente y otros tantos en los cuales será necesario esperar a una próxima reencarnación para serlo. No obstante, si se trabaja con estos decretos, en algún momento se logrará ser discípulo de uno de los maestros ascendidos.

P. 42. ¿Por qué es tan difícil para los humanos tomar una decisión aun cuando esta puede significar su felicidad? Y ¿por qué suelen tomar las que conducen a la infelicidad?

Esta pregunta tiene dos vértices. Los seres humanos son de naturaleza compleja y suelen regirse y sucumbir por el miedo. Sin embargo, si se logra afrontar y sobrepasar dicho miedo, se pueden sanar patrones errados de conducta, de pensamiento o de sentimiento.

El miedo es una herramienta aprendida, no natural, de la esencia divina que te conforma y se encuentra expresada en tu propia alma.

A pesar de ello, el ser humano prefiere evadir las situaciones que le generan miedo, teme perder lo anhelado y permite que el miedo tome el control de su existencia. Teme descubrir que puede ser feliz, pues se considera poco digno o piensa que la felicidad es inalcanzable, aunque él mismo es quien la bloquea.

Aunque parezca absurdo, evades la felicidad mentalmente debido al miedo generado durante el aprendizaje de vida en situaciones similares de vidas anteriores. Por ello, no respondes al reto de forma correcta, es decir, decides no reaccionar hasta tener pruebas tangibles de que estabas en lo correcto. De este modo, no respondes a la dificultad como deberías: otorgándole los beneficios de la no dictaminación sin antes tener pruebas tangibles de que estabas en lo correcto.

Ninguna experiencia pasada será la réplica exacta de una siguiente; puede ser similar pero nunca estarán implícitas las mismas personas, edad, emociones o problemática. Si cada experiencia es única ¿ por qué intentas resolverla con una experiencia de una frustración anterior?

En la ignorancia natural del ser humano, das por sentado que todo es cíclico y que los desamores y los dolores de tu ayer serán exactamente los mismos reproducidos en tu mañana y en tu presente. Así, al expresarle al universo que quieres que se repita una situación imperfecta anterior, terminas decretando tu fracaso en la situación presente. Y esto ocurre porque, pese a decirte que quieres ser feliz, impides que la felicidad llegue a tu existencia.

El amor y la felicidad son lo mismo, pero deben surgir desde el interior de tu alma; una vez que tengas amor para ti mismo, podrás amar a los demás seres, respetándolos bajo el mismo criterio que aplicas para ti. No es posible cambiar a nadie. Sin importar los defectos propios y ajenos, siempre deberás ser objetivo tanto en las relaciones, como en los tiempos, situaciones, palabras y sentimientos. Y esto se aplica a todos los casos, ya que el que ames a alguien no implica que él o ella deberá modificar algún aspecto de su persona. Ese ser no debe cambiar puesto que es perfecto para su nivel evolutivo actual; eres tú quien deberá cambiar la percepción que tienes del otro.

Hay que mirar a cada ser bajo el ángulo de sus imperfecciones, tanto como aceptar propias. Después evalúa si te resulta posible o no lidiar con los defectos propios y ajenos, y, una vez que tengas claro dónde se encuentran, analiza si esa relación te hace feliz o te duele. El verdadero amor no lastima; de nada sirve expresar palabras de amor, si no se demuestra este amor con hechos, respeto, tolerancia y dignidad, así como con cuidados y armonía, con proyectos comunes que sean justos y equilibrados para ambas partes.

Tampoco puede forzarse a ningún ser a que te ame; un ejemplo son las madres que abandonan a sus hijos, o que deciden no tenerlos por cualquier motivo. No critiques; sin importar las razones por las que han tomado tan difícil elección, esta siempre deberá ser respetada. Por lo mismo, tampoco se puede obligar a otro ser, que posee un núcleo propio, a que te ame y te incluya constructivamente en su existencia.

No te aferres a las relaciones destructivas; no inviertas tu valioso tiempo en un tiempo perdido, de no acción. No intentes chantajear a nadie diciendo con egoísmo: "Si te vas, me suicido", "Si no estás conmigo, nunca podrás ser feliz" o "Si te vas, no volverás a ver a tus hijos". Pues, ¿qué clase de ser eres? Por cada ser que no te ama y no te respeta, existen cien más que te bajarían las estrellas y todo el universo, y te darían un amor sereno, honesto, digno, bondadoso y piadoso.

¿De verdad consideras que tu pareja te ama por medio de la humillación, lastimando tu autoestima con engaños, denigrándote, chantajeándote, mintiéndote, abusando de tu confianza o perjudicando tus finanzas? Eso no es amor ni es felicidad; sencillamente, es autodestrucción y sadismo. Un ser que te ama no te daña; por el contrario, buscará que seas cada día más pleno. De hecho, debes ser tú mismo quien se ame y no permitir abuso o denigración alguna hacia tu ser por parte de manos propias o ajenas.

Aprende a hacer tu parte y, sin importar el origen del entorno en el que hayas crecido, jamás permitas que te destruya otro ser que falsamente afirma que te ama pero que sólo te utiliza con fines sexuales, económicos o laborales.

Cuando se busca una pareja, no siempre se hace desde el ángulo correcto. Muchas veces los seres humanos, en sus imperfecciones, crean espejismos emocionales, queriendo denigrar o dignificar al objeto de sus deseos. Así, miras al otro como quisieras que fuera, y tu propio ego te hace creer que serás capaz de transformarlo; así, te enamoras de tu sueño y no de quien es ese ser en realidad. Miras a los demás como presas intentando atrapar en la seducción a alguien que casi nunca corresponde a lo que requieres de una relación.

El resultado es la separación, en la que, más que perder en el aspecto económico, pierdes un valioso tiempo.

Aprende a mirar las acciones de los demás hacia otros seres con quienes no tienes un trato constante. Observa su conducta, acciones y palabras; cómo trata a los desconocidos y a sus subordinados. Esta conducta será la misma que posteriormente tendrá hacia ti.

Deja ya de destruirte y denigrarte, de convertirte en juguete sexual de otros seres en primitivo estado de evolución. Date a ti mismo el valor infinito que el universo te otorgó desde antes de tu nacimiento.

Aprende a dignificar tus pensamientos, emociones y acciones, y podrás alcanzar la felicidad y la plenitud, la cual sólo obtendrás con humildad, bondad, dignidad e inteligencia.

Al ser guiado por el miedo, tomas malas decisiones y aceptas una situación imperfecta, pues, si bien por esta vía no serás feliz, evitas el riesgo posterior de ser lastimado emocionalmente por una persona, situación o cosa que sí te interese.

Aun cuando por desesperación estés dispuesto a tirarte al precipicio, si una situación u oferta no te vibra desde su interior, por más que parezca ideal, es una señal clara y directa enviada por tu yo superior de que estás errando el camino.

Toda decisión que pueda implicar que alcances la felicidad será irremediablemente temida por tu yo inferior, ya que este teme ser lacerado en su ego y en sus emociones.

A su vez, toda acción que no implique una felicidad posterior será fácilmente emprendida y ejecutada porque el yo inferior la acepta ya que no sufrirá daños en su ego o sus sentimientos.

Así, al escuchar a tu yo inferior, generas tu propia infelicidad, y al guiarte por el miedo, por la ilusión de una falsa seguridad, aceptas situaciones imperfectas y castrantes con tal de no resultar después lastimado en tus sentimientos y en tu ego.

Detén el camino de la infelicidad. ¿Cómo? Muy sencillo, no continúes con esa corriente autoaprendida.

Más bien, nada contra corriente rumbo a la auténtica felicidad, rebelándote ante las ideas erradas producidas por tu yo inferior.

Decretos para
Sanar la infelicidad

Sanar la infelicidad 1

Yo soy el ser que solicita ser sanado
y depurado de toda infelicidad propia.
Yo solicito al universo que escuche hoy mi voz
y me depure de todo residuo emocional.

Así solicito que la luz y la verdad vengan
a mi ser y sanen todo recuerdo,
que sanen todo órgano, todo pensamiento,
intención y acción en mi entorno y en mi interior.

Así yo acepto la divina sanación
en mi interior y en mi exterior.
Yo solicito ser definitivamente sanado
y depurado de toda imperfección.

Que así sea y que sane de toda infelicidad
mi divino corazón.
Así es ya y siempre bien será en todo mi ser
y en todo ser siempre bien será.

Sanar la infelicidad 2

Yo soy la luz que viaja y se instaura
en la mente universal, a esta pido ser sanado
de la infelicidad en todo ámbito de mi existir,
y solicito la misma sanación
para toda alma y todo sendero evolutivo
que bajo otros mantos haya efectuado.

Que así sea, que quede definitivamente purificado
y que la infelicidad se aleje de mi existir.
Yo purifico todo ámbito, relación, recuerdo,
imagen e intención para que de mi alma quede
desterrada la infelicidad y que esta misma gracia
sea siempre ofrecida a todo ser en cualquier aspecto
de su divino existir.
Así es ya y siempre bien será. Así es y así será.

P. 43. ¿Por qué tras el contacto con un maestro ascendido algunos seres humanos sanan rápidamente y otros no?

Cada ser humano afronta procesos evolutivos distintos; cada ser humano comprende de manera diferente sus retos evolutivos, su dolor y sus imperfecciones. No es posible comparar procesos evolutivos porque cada uno es el resultado de una ecuación perfecta entre la voluntad de sanar y resolver la situación dolorosa, hasta llegar a perdonarla y sobreponerse a ella.

Y esta ecuación se gesta desde tiempos ancestrales cuando vestías otras identidades. Mientras intentes sanar una situación que te genere el mismo dolor causado por el mismo detonante en otras vidas, será más o menos fácil sanarlo en la existencia presente.

Eso tiene lugar en el instante perfecto, no se sabe cuándo, pues la mayor parte de tus dolores emocionales proceden de existencias anteriores a los cuales se agregan los producidos durante tu existencia presente.

Asimismo, si se combatieron los dolores en tiempos remotos, aun sin haberlos sanado, el trabajo implicado contribuye al trabajo presente para sanar con más rapidez.

Decreto para
Optimizar el tiempo de sanación emocional

Yo solicito ser sanado en emociones, sentimientos,
pensamientos y acciones,
yo solicito ser sanado de todo campo
de resonancia errado.

Yo solicito volver al amor universal,
que se restaure mi divina conexión universal
con el flujo del amor universal,
y que este desde el cosmos actúe ya en mi interior,
para que así me regenere y me alinee hoy.
Así soy yo quien viene a la luz y en ella me instauro,
sabiendo que esta misma luz sana siempre mi corazón,
repara mi alma ante toda imperfección pasada,
presente o futura.
Así será que bien sane yo.

Y bajo esta misma solicitud expreso mi voluntad
de envolver en esta sanación emocional
a todo ser que de esta requiera hoy.

Que sean todas ellas elevadas, sanadas
y purificadas, que en su corazón no haya más rencor,
que en mi corazón no se albergue ya encono ni dolor,
que así sea ya en todo ser ante toda situación.
Así es ya y siempre bien será.

Decreto de
Sanación emocional

Yo soy el ser que se sana y que no acepta
más dolor ni odios en su corazón,

yo soy el alma que quiere evolucionar sabiendo
que para esto me debo depurar.

Así yo suelto hoy todo odio y amargura,
toda emoción que cause enfermedad,
yo suelto toda intriga y toda envidia.
Yo me desato y me permito ser abrazado por la luz,
consciente de que esta me sana
y restaura todos mis filamentos a la luz;
bajo esta solicito ser sanado de toda emoción.

Así solicito esta gracia de conceder a todo ser
que de ella pueda requerir, que así sea ya
ante toda alma y ante todo ser,
en todo plano y en todo tiempo.
Así es ya y siempre bien será, así es ya.

Decreto para
Perdonar la traición

Yo perdono en tu ser, el reflejo de aquello
en lo que antes yo a ti te falté.
Yo soy expansión y bondad
que únicamente sabe perdonar.

Yo soy plenitud, piedad y dulzura,
soy la más alta comprensión de esta situación
que ahora nos une, para así equilibrar y sanar.
Yo soy quien te bendice y te ama,
quien dejar ir todo dolor de antaño.

Yo soy tu reflejo que ahora mira desde fuera
el mismo error que antes yo cometí contigo.
Yo perdono el dolor y el rencor, te envuelvo,
protejo y libero con mi sincero amor

de cualquier dolor.
Somos un mismo ser que sana desde cada punto,
en cada ángulo de nuestro interior.

Yo te amo, te bendigo y te perdono,
solicito tu sincero amor, perdón
y comprensión por el mismo error,
por la memoria celular que antaño cometiera
y que ahora juzgo en ti sin haber logrado sanarlo.

Yo transmuto tomando tu mano
para que juntos desde ahora nos liberemos
y perdonemos esta traición cubriéndola de amor,
de bondad y de la perfecta transformación.
Así es, así sea.

Decreto para
Encontrar el amor

Yo soy gracia y encanto,
alegría y bendiciones infinitas.
Soy misericordia, perdón y mi propia plenitud.
Soy alegría que me libera de cualquier dolor,
soy la paz que viene a mí y me relaja.

Yo sé que pronto mi perfecto amor
junto a mí estará,
y aguardo plena de calma e ilusión.
Soy el perfecto imán que atrae
sólo al verdadero amor.

Yo te miro en mis sueños,
te pienso en bondades infinitas.
Yo soy dulzura y encanto, belleza
en armonía interior y exterior.

Yo soy dicha, consagración,
y te llamo en felicidad y plenitud,
soy verdad y profunda transmutación.

Mi sincero amor, ven a mí que aguardando
por ti siempre estaré de ahora en adelante,
sabiendo que tú a mí bien vendrás.
Así es, así sea.

Decreto para
Optimizar el tiempo de sanación mental

Yo solicito que la luz depure todo pensamiento
en mí imperfecto,
solicito que la luz depure toda traición y toda limitante,
que la luz depure todo recuerdo castrante.

Yo solicito que todo vuelva a su propia divinidad.

Así me sustento hoy en luz y en sanación
y así solicito que todo sea sanado
desde la mente universal que me cubre hoy.

Y que sea esta quien sane cada pensamiento
de la humanidad, que sea esta, la mente universal,
la que restaure toda mente, dirigiéndola siempre
a la luz, a la sanación y a la evolución.

Así solicito que la mente universal tome el control
de mis pensamientos para que depure
antes de detonar todo aquel que sea limitante,
tóxico o castrante, transformándolos en luz universal.

Que sólo me permita pensar en amor, en bondad,
en humildad y en divinidad, y sea siempre así
establecido en todo mi proceso mental.

Las gracias les doy sabiendo ya
que desde hoy así es ya y siempre bien será.

P. 44. Cuando se tiene especial interés en un maestro ascendido ¿significa que se tuvo contacto previo con él o que existe la necesidad de acercarte específicamente a él?

Todos los maestros ascendidos tenemos algo que ofrecer, y las afinidad que se sienta naturalmente hacia alguno de nosotros, es resultado de tus propias necesidades evolutivas; en algunos casos quizá nos conocimos en tiempos remotos. Todos nosotros ofrecemos servicio al universo y a la humanidad. En nosotros encontrarás a unos hermanos comprensivos que siempre estarán presentes para ayudarte, en la medida en la que tú lo permitas, a dirigir tu existencia de un modo correcto y constructivo.

No es necesario saber si compartimos la mesa cuando moramos en el plano físico; lo único importante es que nos permitas ayudarte brindándote amor, ayuda y sanación. Y es que sólo tú eres el protagonista de tu propia historia; eres tú quien debe encontrarse a sí mismo y pulirse, tú eres el indicado para redefinir tu existencia, sanar tu dolor y erradicar tus temores, pues estas lecciones son las adecuadas para ti.

Atrévete a ser el protagonista de tu historia; de este modo serás el único responsable de trazar y ejecutar el final de cada capítulo de tu existencia. Tú eres quien debe hacer a un lado a los personajes destructivos que te rodean y concentrarte en atraer personajes constructivos, amorosos y piadosos que te ayuden a pulirte. Nosotros sólo somos una herramienta presente en cierto momento de tu existencia, y cuando sea el momento perfecto, tú mismo conducirás tu sendero evolutivo hacia las cualidades que otro maestro ascendido te aporte.

Decreto para
Contactar a un maestro ascendido

Yo solicito ser contactado por uno de ustedes
en el tiempo y forma que resulten perfectos,
solicito a todos que cada aspecto de mi existir
sea sanado, guiado, purificado
y perfectamente encaminado,
para alcanzar mi plena felicidad
y desarrollo laboral en luz, en abundancia,
en amor, en humildad, en salud y en prosperidad,
y que esto también se otorgue a cada ser
que se aproxime a ustedes en cada momento
de su evolución, que será la mía.

Yo comparto esta sanación con todo ser
que así lo solicite. Las gracias les doy sabiendo ya
que todo pedido propio o ajeno será siempre atendido.

En luz les dejo y a la luz vuelvo hoy.
Así es ya y siempre bien será en todo mi ser
y en cada ser.
Así es ya y siempre bien será.

Decreto para
Ser sanado por un maestro ascendido

Yo solicito que todos los hermanos ascendidos
escuchen mi voz y vengan a mi encuentro
en el indicado momento.

Yo solicito que la paz y la sanación inunden mi existir
y que sean prolongadas y plenas en cada instante
que transite en el plano terrenal.

Así solicito liberación y evolución en mí y en todo ser,
que el amor y la paz sanen ya toda intención errada,
que sanen ya los corazones enfermos de maldad,
que cada ser imperfecto como yo lo soy sanemos
ya en luz, amor, paz, piedad, evolución y bondad.

Solicito ser sanado por un maestro ascendido y,
en nombre de la humanidad, que la misma sanación
se aplique a todo ser en todo rango de tiempo.
Así es ya y siempre bien será.

P. 45. ¿En qué consisten las iniciaciones evolutivas?

Toda iniciación hace referencia a tres puntos específicos, comprendidos por:

- Enseñanzas reservadas
- Inicio de una misión
- Final de una misión

El universo está colmado de conocimientos y de valiosa información que puede cambiar el curso de la humanidad. Aunque dicha información está resguardada, siempre estará a disposición de quien pueda utilizarla positivamente. Cada pieza de información que se envía desde el astral hasta el plano físico ha sido evaluada previamente por la junta kármica, por los sabios del universo y otras entidades de luz que moran en el alto astral. Estos seres de luz sopesan los pros y los contras que implica transmitir dicha información en el plano físico y determinan si ese ser es el correcto para recibirla y difundirla. Finalmente, se analiza si es el momento indicado para que otros seres reciban dicha enseñanza en gran volumen. Las enseñanzas astrales constituyen un pacto secreto entre el ser y su tutor astral, y sólo podrán ser difundidas a toda la humanidad cuando este último lo autorice. De tal forma se aplica una prueba de ética y de responsabilidad del ser. Si no la supera, pierde de inmediato todo acceso a información asociada al alto astral. En cambio, si sigue las reglas al pie de la letra, dará un gran saldo dhármico y obtendrá de primera mano las enseñanzas, técnicas y material didáctico que su tutor astral le brinde. Las enseñanzas están conformadas en módulos, y cada uno de ellos está comprendido en una misión que a su vez cuenta con un tiempo determinado de trabajo constante. Cuando el alumno acaba un módulo, este se determina como iniciación.

Cada maestro ascendido y ser de luz posee su propio número determinado de iniciaciones, las cuales pueden variar, dependiendo de si el aprendizaje es exitoso o deficiente. Tales enseñanzas se pactaron desde antes de su nacimiento, deben cumplirse al pie de la letra y sólo se revelarán cuando esté preparado para aceptarlas y aprovecharlas. En mi caso, estas iniciaciones comprenden siete niveles primarios de misiones. Es decir, durante una existencia desarrollarán diferentes subniveles relativos a una misión especifica, y al volver al astral presentarán un examen específico para dicha misión, con el fin de determinar el nivel evolutivo alcanzado. Entonces se determinará si seguirá trabajando con esta o si ya está listo para un cambio de misión.

Tras completar siete niveles evolutivos en cada vida, esto es, siete vidas con siete niveles evolutivos en cada una de ellas, mis alumnos comienzan un aprendizaje intenso en el cual se les solicita seguir siete vidas más de servicio comunitario. Durante este ciclo, el tutor cambia sus técnicas para guiar a sus alumnos de la mejor manera posible; habrá tanto cambios de técnicas del material como de ritmos de trabajo.

Ya completadas las siete vidas de servicio comunitario, el alumno suele estar listo para determinar hacia dónde quiere dirigir su sendero evolutivo, y aquí no resta más que guiarlo en el proceso. Al llegar a sus últimas dos es capaz de recibir nuevas tutorías de otros mentores, con lo que enriquece su nivel de conciencia, accede a mayor información y enriquece su punto de vista sobre su evolución espiritual. Al incrementar los conocimientos del discípulo se podrá enriquecer también el nivel evolutivo de toda la humanidad. Conforme su alma se purifique tendrá más libertad de acción pues habrá aprendido a evolucionar por sí mismo, y contará con su propio proyecto evolutivo, aun cuando seguirá teniendo una guía y directivas al respecto. Tras haber completado este servicio, el alumno podrá decidir continuar su evolución en el plano astral, o prolongar su servicio en la Tierra.

Decretos para
Promover la evolución espiritual

Evolución espiritual 1

Yo soy la solicitud realizada,
que esta pueda multiplicarse en mí y en cada ser.

Yo soy la verdad que promueve toda sanación
y se gesta en toda evolución.
Yo soy la mágica presencia de Dios sanando
y actuando ya desde mi interior.

Así proclamo la evolución espiritual,
que esta viaje y en mi interior se instaure.
Que sea reafirmada en mí y en todo ser,
en la paz y en todo aspecto de nuestro existir,
que así sea ya y se purifiquen cuerpos y almas,
se sanen corazones y mentes.

Que la evolución espiritual siempre se imponga
en toda la humanidad y así sea ya,
que esta despierte masas a la luz
y a la propia evolución espiritual,
que así sea ya en mi hogar,
en mi ser y en toda nación.
Así sea y siempre bien será.
Así es ya.

Evolución espiritual 2

Yo soy el ser que lanza su voz al universo,
solicitando mi evolución espiritual.

Así me reitero en mi sendero de luz,
en este me centro, a este vuelvo hoy,
que sea esta luz y su derrama de amor
las que me guíen y proclamen siempre en mi interior
mi evolución espiritual.

Así solicito ser sanada y depurada,
que toda derrama de amor cubra el planeta,
sea siempre restaurada y abra el sendero

de evolución espiritual,
que se instaure definitivamente en mi alma,
en mi corazón, en mis pensamientos,
mis acciones y en cada una de mis relaciones.

Que esto sea igualmente sustentado
en todo ser guiándolos siempre al camino del amor,
la plenitud y la bondad.

Que así sea, que la evolución espiritual se instaure
siempre en mi interior, en tu interior y en todo ser.
Así es ya y siempre bien será.

P. 46. ¿Por qué ama tanto el violín?

El violín es mucho más que un instrumento de cuerdas. Debido a su altísima frecuencia vibratoria es, junto con el arpa, uno de los instrumentos mágicos de sanación. Mi relación con el violín es tan antigua como mi relación con la amatista. Durante diferentes existencias este instrumento fue el consuelo de mi alma ante mi desolación espiritual, cuando estuve alejado de mi propia divinidad.

Cada violín tiene un vibrato único, que se pule con el paso del tiempo; cuanto más se toque, mejor será su sonido. Amo al violín porque reconfortó mi alma. Las vibraciones que produce viajan directamente al cerebro produciendo feniletilamina, sustancia que ayuda a combatir la depresión; puede decirse que la música de violín es un antidepresivo natural. Aún poseo un hermoso violín astral. A este instrumento le debo infinitas alegrías, sanación y maravillosos recuerdos. El violín me enseñó disciplina, constancia, sanación espiritual y alegrías, así como a brindar cuidados.

Desde otro punto de vista, las necesidades primarias del ser humano son las mismas que requiere un violín. El humano necesita amor, protección, disciplina y sanación espiritual; a su vez, un violín requiere amor, cuidado, disciplina para ejecutar una pieza a la perfección y protección. Debe resguardarse porque es frágil, tanto como el corazón humano lo es respecto a las emociones. Permíteme ser tu maestro astral y aprende a tocar este noble instrumento; verás cómo con cada nota y cada pieza sana tu alma. Sugiero siempre adquirir un violín antiguo. En todo caso, opta por uno checo pues su canto es muy dulce, a diferencia de los italianos; los alemanes son también una buena opción. De ser posible, elige uno de laudero. Recuerda que la adquisición de un violín es una inversión; si eliges uno hecho en serie, como los violines chinos, no podrá crecer junto con los conocimientos que has adquirido, sin importar qué cuerdas le compres. Por el contrario, el violín antiguo es el más indicado para crecer durante mucho tiempo.

Decreto para
Conectarse, ser sanado y abrir oportunidades con la música

Yo soy la voz del viento que viaja
a los confines del universo
y desde allí me conecto con la magia
de la voz de cada instrumento.

Yo soy el ritmo y las notas que leen partituras
y escuchan con oídos de compositor,
soy la divina conexión musical bajo la cual
me instauro hoy.

Así yo decreto que soy la perfecta comunión musical
que me es transmitida desde el universo.
Solicito ser escuchado, que venga a mí el conocimiento
musical en propia divinidad.

Así es ya y así será en todo ser que lo requiera,
así siempre bien será.

Decreto para
Liberar emociones residuales con la música

Yo soy la magia universal que me conecta con todo
instrumento desde su propia divinidad universal.
Que estas voces y estas aptitudes sean de inmediato
en mí implementadas para el propio deleite musical.

Así yo solicito que la misma gracia universal sea
otorgada a todo ser en cada lugar.
Que así sea ya y siempre bien será.

P. 47. ¿Qué beneficios nos trae la gemología?

Esta antigua ciencia de estudio y clasificación de los cristales llegó a mí durante la segunda mitad de mi existencia, bajo el manto de Merlín, mediante el estudio y la práctica de la alquimia. Entonces aprendí a estudiar y analizar los componentes que conforman los cristales, sus propiedades de conducción eléctrica, sus posibles efectos tóxicos, así como sus secretos curativos para dolencias físicas cotidianas.

Descubrí que son estabilizadores y depuradores energéticos por excelencia y que posen capacidades infinitas de retención de información. Por lo mismo, puedo afirmar que estamos muy cerca de que los discos duros inteligentes producidos a partir de cristales en bruto sea una realidad tecnológica.

Los beneficios de los cristales son infinitos y la humanidad aún se encuentra en penumbras ante la riqueza infinita de sus poderes. La medicina dará un gran paso con la aplicación de haces de luz emitidos por un núcleo de cristal para atender y erradicar enfermedades tanto de tipo cutáneo como de medicina interna.

Decretos para
Sanar usando minerales

Sanar con minerales 1

Yo soy el ser que se sana ya,
quien evoluciona gracias a todo mineral,
yo soy la luz universal
que me ayuda siempre a purificar,
que reconstituye todo mi interior
y desde allí me sana.

Soy la unión que se alinea
a la frecuencia de todo mineral,
pidiendo que estos sanen mi ser
desde el interior y en el exterior.

Así solicito que la sanación se expanda hoy
ante toda situación y que la luz
de cada mineral toque siempre mi existir
y repare toda imperfección,
que los seres se sanen ya en todo instante
y ante toda situación.
Que así sea y así será.

Sanar con minerales 2

Yo soy la luz que viene y se expande
en toda dirección desde la luminosidad
que se desfragmenta por el reflejo de este mineral.

Yo soy la fuerza que vibra en mi interior,
soy la magia cristalina que toda situación sana ya.
Yo soy la energía que me inyecta todo mineral
y bajo esta energía solicito que cada mineral regale
esta sanación a quienes puedan requerirla.
Así es ya y siempre bien será.

P. 48. ¿Cuál es el valor de la pintura?

La pintura es el arte de la expresión que te permite mirarte desde afuera. Si te atreves a practicarla encontrarás las claves para comprender y sanar tu vida. La pintura plasma con tal honestidad el estado interior de un ser humano, que captura tus carencias, tu temperamento y las necesidades ocultas que han estado reprimidas durante largo tiempo.

Puedes usar cualquier técnica y materiales que no comprometan tus finanzas. Tampoco importa la temática a desarrollar, ni si las proporciones son correctas o incorrectas; lo trascendental es que con cada trazo estarás sanando las necesidades no atendidas de tu alma.

Concédete la posibilidad de que tu alma se exprese para sanar tus emociones; autorízate a llorar, reír, amar, vibrar; en pocas palabras, date permiso de existir porque eres vital para el universo. Si permites que tu alma exprese sus necesidades y estas son atendidas con naturalidad por ti mismo, no encontrarás más carencias emocionales. Más allá de que elijas o no la pintura como vehículo de sanación, es fundamental que te atrevas a sanar respondiendo a tus necesidades primarias. Si estas no son atendidas, tarde o temprano generarán situaciones lacerantes para ti y para otros seres, como las torturas físicas o psicológicas, el bullying, los suicidios, asesinatos o secuestros.

Es vital para tu bienestar y el de todo ser vivo que exteriorices tus necesidades internas y con valentía las atiendas, las afrontes y las sanes. Al sanar tu alma obtendrás grandiosas oportunidades. Construye tu mundo mágico en vez de destruir tu existencia divina y la de tus hermanos.

Decreto para

Sanar al observar una obra maestra por geometría sagrada

Yo soy el ser que siempre sana mediante toda imagen,
yo miro por dentro de cada trazo, me conecto con su
geometría sagrada, y a través de ella sano siempre,
ya que cada pintura mi vida sanará
y así será en todo ser siempre bien será.

P. 49. ¿Cuál es el objetivo de la existencia humana?

Cualquiera que sea el camino que hayas decidido emprender, el único objetivo real de tu existencia es ser plenamente feliz y brindar la sincera felicidad a tus semejantes. La felicidad debe ser a la vez el trayecto y la meta, conviene que procures la felicidad ajena tanto como la propia.

Esta felicidad debe ser honesta y surgir de tu interior. Es decir, deja ya de considerar que las posesiones materiales, el dinero y la jerarquía social son sinónimo de felicidad; todo ello no es más que una triste falacia social.

La felicidad se obtiene cuando te encuentras en armonía contigo mismo, cuando decides ser feliz a pesar de tus imperfecciones, de los cuestionamientos sociales y las problemáticas que afrontas. La felicidad va mas allá de la apariencia, del entorno físico, de las personas y los ambientes que te rodean.

Sólo es alcanzable en la medida en la que dignifiques tu alma y tus acciones: esto es, cuando trabajes con seriedad para sanar tu alma. No la alcanzarás mientras tu alma no se purifique y no atiendas tus necesidades primarias, que dependen de los recuerdos asociados a esta vida y los relacionados con vidas anteriores.

Es común considerar erróneamente que la felicidad es un factor externo y que sólo se consigue adquiriendo bienes o imponiendo tus sentimientos o tu voluntad sobre los sentimientos y la voluntad de tus semejantes.

Otro error es creer que las necesidades de tu alma provienen sólo de tu existencia actual. De hecho, todas son resultado de las necesidades no satisfechas en todas tus vidas previas, las cuales se revelan ahora para ser satisfechas.

Tu necesidad más urgente es la que ha sido recurrente durante tus existencias anteriores y que no pudo ser satisfecha.

Cuando una necesidad no es prioritaria para ti, esto significa que has quedado satisfecho de los logros conquistados al respecto anteriormente; eres producto de tu presente tanto como de tus múltiples pasados. Por ello no son exitosos los tratamientos que buscan solucionar las problemáticas vinculadas con las fobias inexplicables, ya que se enfocan en trabajar las necesidades no resueltas en esta vida y no responden a las necesidades no atendidas durante todas las existencias previas.

Asimismo, bajo ningún ángulo recomiendo aceptar los tratamientos relacionados con la hipnosis ni recomiendo que los médicos los apliquen, pues el dolor y los traumas que han permanecido dormidos en el subconsciente pueden explotar causando situaciones dramáticas tanto en primera persona o como en los demás.

Debido a que trae a la conciencia del paciente los recuerdos y la esencia de otras vidas, la hipnosis constituye un procedimiento sumamente doloroso, problemático y peligroso para los pacientes y la sociedad.

Al enfrentar el médico la personalidad, los traumas y el temperamento que su paciente trae de otros tiempos, carece de la información necesaria para sacarlo adelante.

Y si decide despertar a su paciente sin resolver la situación, genera mayor dolor y traumas tanto a dicho paciente como a quienes lo rodean.

Algunas de las consecuencias dañinas de la hipnosis son las siguientes:

- Cambios en la alimentación
- Cambios en la educación
- Cambios de gustos

- Cambios de intereses
- Cambios de preferencias sexuales
- Cambios de identidad
- Enfermedades repentinas, que son aquellas que sufrió el paciente en otra vida
- Vicios nocivos relacionados con hechos ocurridos en su pasado
- Traumas nuevos que el ser no tenía en la existencia presente y que pertenecen a otra existencia anterior
- Cambio transitorio o definitivo de la personalidad del ser, sea este para bien o para mal
- Pérdida de su propio idioma para ser sustituido por algún idioma perteneciente a otra vida
- Pérdida de la memoria asociada a hechos y situaciones de su vida actual
- Pérdida definitiva de conocimientos relativos a esta vida para reconectarse con los relativos a una o varias existencias anteriores
- Locura al no aceptar nuevamente su personalidad y su identidad actuales
- Falta de reconexión con la realidad propia, con lo que el ser se desprende de sí mismo y de su realidad presente
- Peligro potencial de muerte repentina, lo cual ocurre en casos muy esporádicos

Decretos para
Encontrar el sentido de tu existencia

Encontrar el sentido 1

Yo soy el nuevo enfoque
que me permite mirar más allá del sol,
soy la plena acción que sana toda imperfección.

Yo me reencuentro con nuevas miras
que me revelan el motivo de mi existir,
así me expando en sanación
y transmuto todo dolor en oportunidad.

Yo soy la respuesta que me ilumina
ante cada toma de decisión, soy el ser
que retoma el rumbo de su existir a cada paso que doy.
Yo solicito visualizar mi divino rumbo
y que así sea para todo ser siempre bien será.

Encontrar el sentido 2

Yo solicito a la luz que venga a mi ser
y me muestre mi ruta vital, solicito
que la claridad del universo restaure todo mi existir,
que la bondad y la lucidez guíen cada uno de mis
pasos en todo momento y ante toda situación.

Así solicito la directiva de Dios en toda acción,
que sea él quien me muestre el verdadero sentido
de mi existir al cual yo responderé.
Así solicito y acepto las elecciones
que mi alma eligió por mí.

Solicito que el sentido de mi existir
sea definitivamente mostrado y sustentado.

Sabiendo ya que así será, las gracias les doy
y solicito que este mismo decreto actúe
en cada ser que así lo quiera solicitar.
Que así sea ya y así siempre bien será.

P. 50. ¿Cómo puede el ser humano descubrir el plan divino de su existencia?

El plan divino ha estado ante tus ojos desde antes de tu nacimiento. Tarde o temprano volverás a encontrarte con él, y eso ocurrirá de forma natural sin siquiera darte cuenta. La clave para reencontrarte con tu plan divino es no obsesionarte con él. Muchos se esfuerzan tanto por descubrir su plan divino que se obsesionan, lo que provoca que confundan su plan divino con una simple necesidad. Al desesperarse, se desvían de su plan divino, lo que genera grandes retrasos en su ejecución. Existen varias formas de acercarte a tu plan divino, las cuales presento a continuación.

Decretos para

Encontrar el plan divino detrás de una situación adversa

Plan divino 1

Yo soy el ser que solicita mirar el espejo de la realidad
en plena divinidad, soy el que busca el sendero perfecto
y entrega hoy todo temor para que sea transmutado
en divina serenidad.

Yo soy el manto que me cubre de confianza
y libertad, sabiendo ya que siempre
mi bienestar el universo procurará.
Yo soy el orden mental que me permite
siempre continuar, soy la alegría
que genera confianza universal.

Así proclamo que mi voz ustedes escucharán
y que esta siempre al sendero de la verdad
y de la sanación me conducirá,
porque yo soy quien siempre encontrará
la enseñanza detrás de toda situación
que me aqueje y fluyo en confianza,
consciente de que cada reto a la divina sanación
siempre me llevará.

Yo soy quien solicita sanación y divinidad
para todo aquel que requiera transformar
su adversa realidad en divina oportunidad.

Así siempre bien será en mí y en todo ser. Así será.
Así proclamo que esta sanación sea inmediatamente
efectuada en mí y en todo ser que de esta requiera.
Así sé ya que mi llamado y el de toda la humanidad
con gracia y encanto pronto atendido estará.
Que así sea ya y siempre para todo ser bien será.

Plan divino 2

Yo soy el ser que se libera de todo miedo,
soy quien comprende que el universo esconde
sanaciones detrás de todo instante imperfecto.

Yo soy el ser que se rencuentra
con plena divinidad ante toda situación,

soy la fuerza que restaura toda confianza
que antes perdió, soy la mágica presencia de Dios
actuando siempre desde mi interior.

Yo soy el ser que se libera de todo temor,
soy quien se sobrepone ante toda situación
y así comprendo que sólo obtengo lo mejor
detrás de cada dolor.

Así soy yo la divina sanación
ante toda situación de dolor
y con esta misma solicitud expreso
mi sincero deseo de que esto se aplique
a quien antes el mismo dolor conoció.

Así es ya en mi propio ser
y en todos siempre bien será.

P. 51. ¿Es verdad que vive en compañía de una pantera negra?

He transitado por diferentes planos en diferentes instantes evolutivos de mi existir. Mi relación con los grandes felinos se originó durante mi primera experiencia de vida terrenal, cuando laceré a una de estas hermosas criaturas. No hay momento en el cual no me arrepienta de todo el mal que causé en aquellos tiempos sombríos. En la siguiente encarnación fui muerto por las fauces de un gran felino sufriendo una lenta agonía y con ese hecho no sólo sané el karma anterior, sino también comprendí el dolor que le causé a aquel pobre ser por mi cobardía e ignorancia evolutiva.

Desde entonces albergo un profundo amor y arrepentimiento por ellos. Y desde entonces me prometí amarlos, honrarlos y protegerlos. Por ello, no sólo ofrezco un trabajo a la humanidad, sino constantemente trabajo con grandes y pequeños felinos. En el plano astral recibo y doy terapias a los felinos que mueren ya sea en circunstancias trágicas o pacíficamente por vejez. En el plano físico trabajo cuidando de sus crías y de su dignidad de vida; los acompaño en sus largas caminatas por terreno salvaje, curo sus patas y sus heridas cuando así corresponde, y cuando deben partir los abrazo y acompaño en su proceso.

Se podría hacer mucho más por ellos, si cada ser humano tomara conciencia y dejaran de consumir pieles exóticas, lo que provoca el cruel y cobarde asesinato de estos maravillosos hermanos. Desde mi ascensión me he reencontrado con mi vieja amiga de andanzas, una hermosa pantera negra de gran talla que suele acompañarme en misiones relacionadas con sus hermanos felinos. No puedo revelarles su nombre, pero es un hermoso ser sumamente inteligente y valeroso; ella misma se ha convertido en maestra ascendida de los felinos y presta servicio a sus hermanos que moran en el plano terrenal, al igual que otros maestros animales astrales sirven a la humanidad y al planeta.

Decretos para
Protección animal

Protección animal 1

Yo soy la luz que te ilumina
y protege en cada paso que des,
que sea esta luz la que more en el alma de cada ser

que encuentres durante tu transitar terrenal.
Yo te envío a la luz y en esta te sustento
bajo el amparo de todo ser de luz.
Así estarás siempre en la divina luz que te guía,
te ilumina, te protege y te aleja de toda maldad.
Que así sea ya para ti y para todo hermano animal.

Protección animal 2

A San Francisco te entrego para que bien te ampare,
así te protejo y te cuido con su fiel apoyo,
que no ingieras venenos, que no cometas travesuras,
que no desobedezcas nunca más.

Yo aplico la inteligencia universal para educarte
en perfección sin maltratos, iras ni sobresaltos,
con absoluto respeto.

Así le encargo a San Francisco
y al mismo universo que nunca más
los hermanos animales sufran sin tener hogar,
que cada animal que more en una casa
conozca siempre el verdadero hogar
con puro respeto, con constante alimento,
sin sogas, fuetes, castigos ni gritos.

Son puros y benditos, amparados sean
todos en gracia universal.

Así programo a las frecuencias 1116 y 1586
a cada animal que mora ya para que sea
siempre bien amado, perfectamente sanado
en cada vida, en cada manto con la gracia universal.

Así es y así siempre será.

P. 52. ¿Es posible que las almas queden atrapadas en el lugar en el que murieron, sobre todo si su muerte fue dolorosa o si estaban aferradas a ese sitio?

Las almas están creadas para proseguir el viaje cuando terminan su transitar en el plano físico. El alma ha gestado su mapa de vida, su trayectoria, desde las circunstancias de su nacimiento hasta su muerte. De igual manera, pacta el porcentaje karmático que sanará en cada circunstancia adversa que afronte. También puede elegir una muerte adversa con la idea de eliminar definitivamente el porcentaje faltante de karma que no haya podido sanar durante la presente existencia.

Cuando decidiste tus circunstancias de vida antes de tu nacimiento, elegiste la cantidad de karma por sanar, haciendo un cálculo del porcentaje de nivel evolutivo que deberías alcanzar para esta vida. Eres consciente de tu mapa de vida porque fuiste tú quien lo determinó. Los miembros de la junta kármica mostramos tus aciertos y tus errores, y barajamos posibilidades para sanar aquella situación. Sin embargo, al final, a ti te corresponde decidir ir en pos de un saneamiento largo que implica nacer más veces en el plano terrenal sin exponerte a ninguna lección karmática compleja, o bien, decidir cortar de tajo con el karma llevando una existencia más adversa, en la cual lograrías dar grandes pasos en tu proceso evolutivo y regresar más pronto al hogar en el astral de luz o el alto astral.

Cuando el alma se encuentra en el vientre materno, se le depura todo recuerdo de vidas pasadas para quitarle funciones innecesarias. El alma debe experimentar su vida como si fuera la única conocida, para no confundirse con lo vivido antes, aunque en algunos casos se requiere de muy poco para que se reactiven los recuerdos de vidas anteriores.

Ahora bien, cuando las almas sufren una muerte dramática, sobre todo en caso de accidentes, suelen quedarse desorientadas hasta que comprenden los hechos. Entonces, se niegan a seguir adelante por un tiempo determinado, que puede ser desde un segundo hasta meses o años. Por lo general, quedan atrapadas transitoriamente y cuando comprenden que no es necesario revivir el momento dramático en donde perdieron la vida, logran partir y dejar atrás el hecho de estar atoradas en otra dimensión.

Lo anterior se debe a que las almas se acostumbran tanto a la vida en el plano físico que intentan inútilmente contactar con los seres que en él habitan. Al no comprender que ya han terminado su existencia en el plano terrenal, regresan a los instantes previos de su muerte, intentando entender qué ha ocurrido sin poderlo descifrar. Entonces repiten una y mil veces el mismo instante hasta que algún ser de luz les informa que no deben volver a experimentar el mismo dolor y tienen que soltar ese instante y seguir adelante. La mayoría de las almas siguen su sendero evolutivo con esta información, pero en ocasiones algunas deciden quedarse, errando gravemente el sendero.

Las almas jóvenes son las menos evolucionadas y por falsos motivos como el odio, los celos o la ambición luchan por permanecer en el mismo lugar. Y es que, cuando esta alma muere, vislumbra un trayecto plagado de pena, frialdad y karma; un lugar muy doloroso al cual se aproximan las almas que han llevado a cabo los peores hechos en su existencia. Estas almas no evolucionadas deben partir a un sendero de oscuridad y, en tanto no decidan evolucionar en un plano intermedio, se quedarán atrapadas indefinidamente. Cuando esto ocurre, necesitan alimentarse de la luz, pero al no producirla mediante actos bondadosos, la roban o esperan a que un ser de luz se las les envíe voluntariamente. Por fortuna, el universo es muy sabio y tarde o temprano toda alma decide retomar el sendero de luz y así evolucionar.

Decretos para
Liberar a un alma que quedó atrapada tras su muerte

Liberar a un alma 1

Yo solicito la inmediata liberación del alma de
(decir el nombre completo del ser a quien se busca liberar),
y que esta vuele en plena libertad,
en completo amor y en divina sanación.

Yo solicito que la magia presencial se haga
omnipresente ante su alma, que la ilumine,
la eleve y la guíe siempre a la luz en todo contexto
y hacia toda realidad que deba afrontar.

Así solicito la misma gracia para toda alma
que vuelve hoy al alto astral,
que cada una de ellas sea siempre recibida en altas
esferas de la luz.
Así es y siempre bien será. Así es ya.

Liberar a un alma 2

Yo soy la luz que te envuelve y te libera a ti
(decir el nombre de la persona fallecida),
que esta luz viaje siempre a tu encuentro sanando
y reconfortando tu alma.

Yo solicito que la luz te envuelva
y sane todas tus heridas,
que sea esta la que destruya tu karma
y la que aplique tu dharma.

Yo solicito que tu ser sea bien sanado
en todo plano que ahora transite,
que cada instante sea más puro y sano,
que siempre sepa volver a la luz,
y que en esta sea tu alma siempre envuelta
y con ella rompa toda atadura.

Yo solicito que vuelvas siempre a la luz,
que todos retornemos ya a la luz,
que ningún alma vuelva a permanecer atrapada
bajo ninguna situación,
que esta programación sea siempre sustentada
en toda alma que more en toda dimensión.

Así yo te envuelvo en luz, en sanación
y en inmediata liberación.

Así es ya y siempre bien será en tu propia alma
(repetir el nombre del ser a quien se quiere liberar)
y en la de todo ser.

Así sea ya.

Decreto para
Retomar la alegría

(para quienes se quedan)

Yo soy las flores y los pájaros, las mariposas
y la esperanza universal.
Soy quien se ama y se redime del dolor.
Yo termino con toda lágrima,
con todo recuerdo de eventos traumáticos.
Yo me cuido y me bendigo, soy alegría global,
expansión divina y grandes oportunidades
económicas y sentimentales.

Yo soy paz y equilibrio,
retomo mi perfecto contacto
con mi más alto ser superior.
Yo soy calma, dicha, oportunidades
y bendiciones, dulzura y felicidad,
alegría y gratitud que no conocen límites ni fin.

Soy el arco iris de sentimientos
que se expresa en equidad y bondad.
Yo comparto sonrisas, sinceridad,
y expreso mi ser siempre desde mi puro
y noble corazón.

Así soy yo, la más pura esencia
de la perfección universal.
Así es, así sea.

PARTE 2

Testimonios reales

Testimonio sobre abandono y soledad

De: Martín Bolívar Reyes

Mi experiencia es sobre abandono y soledad. Me abandoné cuando dejé de creer en mí, cuando acepté que las cosas buenas no eran para mí. Me perdí en pensamientos que me hicieron restarme valor como persona, lo que nunca podrá traer resultados positivos. Yo anhelaba amar y ser amado. Ahora entiendo que en ese estado mental era imposible. Ese abandono me trajo soledad porque un cúmulo de sentimientos negativos atrae más de lo mismo.

Un día me decidí, sin hacer grandes esfuerzos, a hablar con mi Yo Superior y pedirle que arreglara esa situación. Quiero compartir que siempre somos atendidos por Él; es más, ahora sé que la simple idea de que no ocurra así ¡es absurda! Fui constante en la medida de mis posibilidades y, llegado el momento, me sucedieron cosas hermosas. Empezó con que mi artista favorita se presentó en mi ciudad; siempre había soñado cantar con ella. Así que decidí intentarlo... y lo logré. Después de eso, vinieron más pensamientos y eventos positivos, atraídos por una fuerza superior e irresistible.

Aprendizaje

La experiencia es, sin duda, de gran aprendizaje, más allá de lo que podemos sufrir; nunca debemos perder de vista la idea de que vivimos lecciones que siempre nos conducen a la felicidad. Lo más importante y satisfactorio a nivel personal fue constatar que sí puedo, que valgo por defender un sueño y conseguirlo; por dejar mi vida bajo el comando de la energía divina que late en nuestros corazones cada instante, siempre. ¡Claro! Esta es la mejor y única influencia que vale la pena tener.

Decretos para
Alcanzar el equilibrio emocional

Equilibrio emocional 1

Yo aclaro todo pensamiento y sentimiento,
neutralizo la acción destructiva que bloquea.
Yo perdono las fallas mías y de otros,
alejando los recuerdos, los miedos y temores de mi ser.
Yo me reconecto con la divinidad, bajo la cual
soy la misma perfección, actuando en pura elevación.

Así me reconecto ya con mi equilibrio,
con mis grandes amores, con la sabiduría de mi alma,
con la elevación que desde ahora siempre me guiará,
escuchando siempre a mi divino yo Superior ,
quien bondades infinitas me traerá.

Así retomo ya el perfecto equilibrio universal,
invitándolo a llegar por siempre a mi gloriosa realidad.
Así es, así será.

Equilibrio emocional 2

Yo soy quien fluye en consagración,
soy mi sustento y mi perfecto equilibrio amparado,

que sabe fluir positivamente sin odios,
rencores ni desilusiones.

Yo me brindo al amor, la gracia y el encanto,
soy magia y divinidad. Así fluyo, así me calmo
y me soporto bajo el manto puro del equilibrio
colectivo.

Amado mío, universo mismo, así te quiero y te pido
que bien me ampares, me cuides y me equilibres,
que fluya siempre en bienestar.
Así es, así siempre será.

Decretos para
Combatir la soledad

Combatir la soledad 1

Yo me libero ya de toda soledad ante toda situación.
Yo me reconozco en divina comunión
con el flujo de amor universal
y así comprendo que en soledad no estoy.

Yo soy la luz que siempre me acompaña,
soy el amor universal que siempre me abraza
cuando me siento en soledad.

Yo soy la fuerza que destruye toda depresión
y ansiedad, soy la mágica presencia de la luz
que repara la soledad cuando molesta.

Soy la fuerza universal que sana las imperfecciones
ante toda situación y así decreto
que esta misma gracia concedida
para mí se otorgue a todo ser que pueda necesitarla.

Así es ya y siempre bien será en mí
y en todo ser. Así sea ya.

Combatir la soledad 2

Yo soy la determinación
que hoy destruye todo dolor
relacionado con la soledad.
Yo me descubro bajo nuevos aires
y así comprendo que en soledad nunca
estoy pues soy el ser que se ama a sí mismo
que siempre se acompaña
con el amor universal
que siempre me rondará.

Yo soy la mágica presencia de la luz
que me guía y me ilumina,
soy la presencia de Dios actuando
siempre desde mi interior,
soy la calma que no teme ante el abandono
porque comprende que el amor es liberación.

Yo soy la libertad que sabe amar,
la soledad que no genera dolor,
soy la fuerza universal
que siempre me remite nuevo amor.

Así soy yo y así sé bien que a mi vida
sólo vendrán personas que sepan bien amar
y que esta gracia concedida sea para todo ser
que busque esta misma sanación.

Así es ya y siempre bien será en mi ser
y en todo ser.
Así sea ya.

Testimonio sobre alcoholismo y drogadicción

De: Claudia Melo, codependiente

Tuve una relación de pareja, él era alcohólico y drogadicto. Pensé que al ayudarlo le daría sentido a mi vida; consideré que era mi misión, dejé todo por él. Nos mudamos a otra ciudad para evitar que tuviera contacto con su pasado y comenzar una vida nueva.

Me defraudó al volver a relacionarse con gente destructiva que consumía drogas y alcohol. Viéndome imposibilitada de ayudarlo, me enfoqué en rezar, mientras él se perdía por días. Cuando eso sucedía, lo buscaba en hospitales e incluso en la morgue. Me abandoné a mí misma por completo. Yo pensé que dejarlo era fallar a mi misión de vida. Un día hablé con su madre y al decirle cómo estaba su hijo respondió que era caso perdido y me canalizó con un terapeuta que me rescató de mí misma. Comprendí que mis oraciones debían ser por mí. Durante todo el tiempo que pedí por él nada ocurrió. El día que pedí ayuda a Dios para mí, recibí ayuda de gente de la que nunca lo hubiera esperado. En el vuelo de regreso escuché a ángeles cantarme y consolarme todo el tiempo; conseguí trabajo al día siguiente de mi llegada, recuperé mi autoestima, sané mi economía y mi vida.

Aprendizaje

Aprendí a soltar a las personas destructivas. Aprendí a no hacerme responsable de la vida y de la calidad de vida de otras personas y a no tratar con quienes no quieren ser rescatados. Descubrí que todo al final es una lección de vida; si él moría era una lección y si él vivía, sería otra lección. Aprendí a pedir por mi propio bienestar y a no interferir en lecciones evolutivas de otro ser. Aprendí que Dios efectúa milagros cuando se los solicitas directamente, sin intermediarios. Dios me levantó y me rescató de mi propio ego al pensar erradamente que yo podía salvar a un ser que no deseaba ser salvado.

Decreto para
Terminar con patrones autodestructivos

Yo bendigo mi ser y solicito me perdone
por mis bajas acciones que me han lacerado.
Yo fluyo en amor y en divino perdón,
que mi divina salud sea siempre
bien reestructurada, sustentada
y divinamente purificada.

Que todo sane y se reestructure,
que el universo me perdone,
bendiga, equilibre, sustente y proteja.

Así soy yo la divina belleza,
la perfecta inteligencia,
la total tolerancia a mi persona esencial,
a quien yo bien amo, sustento, apoyo y respeto,
comprendiendo que soy yo quien se encuentra
en cada partícula de mi divino ser.

Así me amo, me respeto,
me colmo de gracia y encanto.
Así soy yo la perfecta extensión
del bienestar universal sustentado

y afirmado, divinamente precipitado.
Así sea ya.

Decretos para
Terminar con relaciones destructivas

Terminar relaciones destructivas 1

Yo sano mi ser reconociendo
que debí de esta situación aprender.
Yo me libero del dolor, me libero de tu ser,
desprogramándolo y alejándolo de mi realidad.

Solicito ya al Arcángel Miguel
que me resguarde con su espada de tu propio ser,
que no te lastimes más, que no lastimes más,
que no te acerques más a mi propio y divino ser.

Que la justicia se expanda, que el amor fluya
y sea reconstituido, restaurando así mi perfecta
confianza, mi inteligencia y mi calma.
Que nada me perturbe más porque yo sabré
desde ahora protegerme de todo mal.
Así es, así sea.

Terminar relaciones destructivas 2

Yo termino ya con toda destrucción,
erradico cualquier dolor.
Yo me libero de tu presencia, tu existencia,
tus recuerdos, tus palabras,
tu energía y tu influencia.
Yo soy la sanación, la alegría,

la divinidad, así soy yo.
Que todo sane, fluya y sea bien constituido
en pura sanación.
Así procuro sanarme y te permito sanar,
liberándonos aquí de cualquier imperfección.
Que tu alma evolucione, que mi alma evolucione,
que todo mal sea eliminado
y todo vínculo destructivo, finiquitado.
Que todo fluya en perfección,
que las energías se sanen, se transmuten y se liberen,
que los corazones sanen y los dolores se alejen.
Así decreto que tú te alejes de mi divina realidad,
bendiciéndote y solicitando
que me permitas partir en perfección.
Que tú te sanes cual yo me sano,
prosiguiendo en sublimidad cada
uno su propio sendero.

Así te olvido, así me olvidas,
yo te bendigo cual tú me bendices.
Desde ahora jamás volverás a mi dulce realidad.
Así es, así es, así sea.

Testimonio sobre abandono y frialdad emocional

De: Mónica Benítez

Soy una persona alegre, positiva, trabajadora, apoyadora, *entrona* para lo que se me presente. Les cuento que en 2010 empezó mi transformación como ser humano cuando se me pronosticó cáncer de mama. Inicié un tratamiento no convencional, pues elegí la medicina alternativa y me fue muy bien. Pero no toqué el fondo que tenía que tocar, así que en 2013 hice un viaje de trabajo a Europa con neumonía. Tenía dolor de ciática y de trigémino. ¿Por qué ir enferma a un viaje tan largo y pesado? Era enero y me topé con las peores nevadas de los últimos 25 años, pero tenía la responsabilidad de cumplir con mi trabajo. Regresé por milagro. Les comparto que tengo un maestro del alma que me pidió de regalo que le consiguiera algo con la imagen de la flor de lis.

Me costó un triunfo encontrarla en París. Al final de mi viaje lo conseguí y cuando le entregué su regalo me dijo que lo importante no era el regalo sino que había sido mi búsqueda del maestro Saint Germain. Él se manifestó por vez primera en mi vida, de lo cual estoy muy agradecida. Siguiendo con la gran transformación de mi ser, en junio de 2014 entré de emergencia al hospital por problemas del hígado. Para colmo, el hepatólogo, especialista en cáncer, me dio un pronóstico reservado. En una semana mi vida cambió radicalmente y mis familiares, amigos y conocidos me daban por muerta. La pasé muy mal. Sin embargo, salí adelante con fortaleza gracias a mis oraciones, a Dios, al maestro Saint Germain y toda la hermandad blanca que nunca me han dejado. Recientemente el oncólogo me jubiló por mi estado delicado. Hoy aún no puedo conducir ni andar sola. Tuve que ir a vivir a casa de mi madre y no volveré a trabajar como antes porque no puedo hacerlo más. Mi cuerpo está exhausto. Hoy me encuentro en el proceso de sanar mi cuerpo y mi alma.

Aprendizaje

Me di cuenta del total abandono en el que me encontraba, y de la frialdad emocional en la que viví gran parte de mi vida. Hoy, el maestro me ha ayudado a abrir mi corazón, a ser misericordiosa, compasiva, generosa, amorosa, tolerante, paciente y humilde conmigo y con los demás. Mi vida se transformó de forma maravillosa.

Testimonio sobre abandono emocional

De: Mario Castelán

Sufrí una depresión terrible; había perdido el sentido de la vida y no encontraba una luz en el camino que me ayudara a querer seguir viviendo. Así pasé varias semanas. La terapia floral (flores de Bach) abrió mi conciencia a una nueva dimensión y pude tomar lo terrible de mi experiencia desde otra perspectiva. Tuve un sueño con unas flores exóticas, donde alguien me decía que las buscara. Al despertar, las busqué y llegué al sistema floral de Saint Germain, desarrollado por Neidi Margonari en Brasil. Experimenté más con las flores de este sistema y decidí saber más sobre Saint Germain. Más adelante compré el libro *Yo decreto* de Akari y en esos meses de gran transición en mi vida aprendí que con los decretos encontraba la fortaleza necesaria para llevar mi proceso de duelo con fe y amor. Todas las noches hacía los decretos y sentía mi fuerza crecer desde un lugar de paz y amor. Como resultado, decidí, conscientemente, realizar mi divorcio, la consecuencia final del cambio que se avecinaba para mí.

Aprendizaje

Desde entonces, al cerrar los ojos veo tonalidades de color violeta y me siento acompañado por Saint Germain.

Con el libro *Yo decreto* se abrió más un canal que estaba ahí y he sentido conexión también con otros maestros ascendidos y con ángeles que fueron parte fundamental de mi sanación emocional. Ahora soy terapeuta floral y manejo, entre otros, el sistema de Saint Germain. He encontrado un maravilloso puente de servicio al prójimo y las utilizo en mi práctica privada y de manera gratuita en reclusorios y sitios donde se concentran personas sin hogar.

Decretos para
Combatir el abandono

Combatir el abandono 1

Yo soy la luz que me ayuda a mirarme,
soy la puerta que se abre para reconciliarme
con mi propia divinidad,
soy el ser que se atreve a superar toda dificultad,
soy quien se repone del autoabandono espiritual.

Yo me reconstruyo y me libero de toda imperfección,
así yo soy quien ahora se mira con profunda dignidad
y solicito que cada ser que abandonado
se encuentre y sepa volver como yo al camino
de la luz y de la sanación.
Así sea ya en mí y en cada ser.

Combatir el abandono 2

Yo proclamo la sanación para todo aquel
que antes se abandonó.

Yo soy la luz que vuelve a la luz
y que sana en perfección.
Yo vuelvo a la luz con profunda dignidad
y desde allí miro siempre sólo la bondad.

Yo termino con todo dolor que antes mi perdición
causó, yo me rescato del abandono impuesto
que antes elegí.
Porque yo soy mi propio Dios interior,
siendo extensión del Dios creador de todo ser.

Así yo elijo sanar, elijo superar
toda errada elección anterior.
Y así solicito que todo abandono
de mis memorias celulares, mis pensamientos
y mis sentimientos quede definitivamente erradicado.

Yo solicito que todo espacio de tiempo sea constructivo
y que todo proceso que hoy inicie resulte reparador.

Así me sano del abandono,
así te sano de tu propio abandono
y que la luz sane toda situación
relacionada con el dolor.

Así reparo en luz y en amor toda programación
propia y externa con la cual combato hoy
el abandono ante toda situación
en mí y en todo ser que sufra de este y,
si así lo desea, se aplique igualmente
esta sanación a todo aquel que la requiera.

Así es ya y siempre bien será en todo ser así será.

PARTE 3

Decretos para crecer

Belleza

Decreto para
Promover la belleza

Yo soy quien vive en expansión,
en armonía espiritual con cada flor,
con cada ser, en cada molécula de mi interior.
Yo soy así la perfecta belleza que surge de mi alma,
que se mira y se sustenta en cada partícula de mi ser.

Así me amo, así me respeto, así me sostengo,
así por voluntad propia bendigo mi cuerpo.
Yo bendigo mi alma, bendigo la gracia universal
que no critica, que no ofende a mis hermanos.
Yo fluyo en magia, en bendiciones, en elevaciones,
en dignidad y con bondad.

Así siempre será y por este hecho mi belleza física
sólo sabe bien crecer, sólo se soporta por sí misma
con gran calma, con bendiciones infinitas.
Así es y así siempre será.

Decreto antiedad

Yo soy quien resucita a la perfecta juventud invitándola
a regresar a mi ser astral, a reflejarse en mi ser físico.

Mi cabello rejuvenece siendo siempre eternamente
joven, no existen canas porque no las acepto,
aquí las desprogramo, aquí las erradico ya de mi
divino ser, siendo así por toda la eternidad.

Mi piel es lustrosa, plena y tensa,
sin manchas ni arrugas.
Mi piel es perfecta.
Mi cuerpo rejuvenece, no hay dolores ni piel flácida,
celulitis ni estrías.

No existe en mí imperfección alguna
pues yo soy quien yo soy,
aplicando, sustentando y programando
la divina juventud acentuada y sostenida
siempre en mi divino ser.
Así yo soy, bella y joven, jovial y feliz.
Así por siempre bien será.

Decretos para
Mejorar el tono muscular de la piel

Tono muscular 1

Yo soy la total lozanía en mi ser,
soy la eterna juventud de mi piel,
siendo ese mi sincero y profundo deseo.

Así soy yo la juventud perpetuada, que cada molécula
y cada célula de mi ser sólo sepan bien rejuvenecer.
Que cada día y cada año mi piel se torne más joven,
aún fresca, sana, divina y perfecta.

Así la programo para siempre bien rejuvenecer
Así es y así siempre será bajo el código peltus 181892.
Así yo soy el amo y señor que rige mi ser, al cual cada
célula y cada molécula responden con total perfección,
respeto y prontitud, siendo ese mi sincero deseo.
Decreto aquí la orden universal para

que la magia de la sublimidad, de la pura juventud,
en mi ser se instauren y jamás se alejen.
Así es pues yo soy el señor que bien sabe mandar,
así es y así siempre será.

Tono muscular 2

Mi piel es joven bajo mi derecho universal
y mis músculos tensos y vigorosos
no aceptan la imperfección.
Yo soy la perfección universal reflejada
y sustentada en toda partícula de mi ser.

Así mis músculos tensos y perfectos responden
con gran agilidad, en total elasticidad,
sin arrugas ni flacidez ni defecto alguno.
Yo soy el músculo perfecto programado en prontitud.

Que mi piel sea siempre tersa,
joven y firme sin flacidez,
yo soy joven y bella,
de piel estupenda, limpia y esbelta,
que bien sabe brillar por su infinita juventud
sustentada y afirmada en cada partícula de mi ser.
Así es y así sea.

Tono muscular 3

Que todo músculo sea siempre bien tenso
y toda piel, elástica y sin flacidez.
Que todo mi cuerpo sea eternamente joven,
sin arrugas, libre de manchas y de exceso de grasa.
Que yo elimine siempre toda grasa en inmediatez,
que todo fluya y se reestructure.

Que la energía sea aquí liberada ayudando
a reestructurar el tono muscular de todo mi ser,
que sea siempre joven y terso, firme y sin grasa,
que sea siempre divino, que fluya y responda sólo
a la más alta excelsitud universal.
Así es y así será.

Tono muscular 4

Rayo violeta, láser excelso que viene a mi ser,
libérame aquí de toda imperfección.
Que cada músculo de mi ser elimine
cualquier cúmulo de grasa,
que sea siempre flaca y permanezca
en alta perfección,
que toda proteína y nutrientes bien digiera,
que no caiga en excesos.

Así solicito al universo que me brinde
una dieta sana e inmejorable,
que así permita que bien me alimente,
que bella me encuentre sin cúmulo alguno de grasa.

Que mi cuerpo sea siempre firme,
que mis músculos jamás se desgasten ni se destensen,
que sea yo elástico cual resorte flexible,
cual tela alegre, cual flor al despertar.

Así solicito que desde ahora mi ser comience
a eliminar la acumulación de grasas inútiles,
que las metabolice y las elimine, que no vuelvan
a formarse en ninguna parte de mi ser.

Así te pido, gracia universal, que desde ahora toda
grasa corporal que entre a mi cuerpo,

sea cabalmente eliminada, derretida
y liberada en exacta y perfecta inmediatez.
Termina ya derritiendo ahora todo cúmulo de grasa,
libérame de ella y purifica en mí todo músculo,
que quede libre de grasa, elástico y perfecto
pues este es mi sincero deseo.
Así sea.

Un consejo: Si quieres trabajar con los decretos para perder peso y grasa corporal, ante todo comienza por valorarte a ti mismo; confía en tu belleza física y espiritual. Después sigue una dieta sana, equilibrada, rica en frutos y legumbres, rica en cereales y con una cantidad suficiente de proteínas. Efectuar un trabajo con un decreto no significa que este incentive o promueva los malos hábitos y los trastornos alimenticios. Sencillamente, es una herramienta complementaria que te entrego para mejorar tus resultados. Sea cual sea el decreto, agradece a tu cuerpo físico otorgándole una alimentación correcta y cuidando del manto físico que vistes.

Decretos para
Desinflamar el estómago

Desinflamar el estómago 1 (muy poderoso)

Yo decreto mi vientre plano es, yo exijo que así sea,
respondiendo a mi derecho universal.
Aquí yo rijo, yo decreto, yo programo
y mi cuerpo físico sólo puede responder siempre con
precisión ante mis elevadas órdenes.

Que yo no engorde nunca más, que no me hinche,
que no tenga más problemas de vientre abultado,
siendo este mi sincero deseo, mi excelsa orden.
Porque yo soy el divino cerebro que rige todo acto,
todo movimiento en mi propio universo corporal.

Así yo exijo, así sustento, así ejecuto,
decretando aquí el perfecto vientre mío
por siempre bien será sin más hinchazón,
sin más cúmulos molestos de grasa,
bien erradicados desde ahora quedarán.
Por siempre así será.

Desinflamar el estómago 2

Yo le hablo a la mágica presencia del yo superior
que mora en mi ser.
Desde allí exijo que mi estómago funcione siempre
en corrección, sin más hinchazón, sin malestar,
sin imprecisión, que siempre plano y firme
se encuentre, que no almacene grasa alguna,
que sólo sea duro y firme cual roca de sabiduría.

Así programo cada célula, cada capa de piel,
terminen ya con toda grasa corporal,
no solicitando yo reserva energética alguna.

Yo le exijo aquí a mi estómago que responda
y reaccione sólo a mis fieles deseos
bajo los cuales elimino toda grasa y flacidez.

Yo le exijo desde ahora que sólo actúe en perfección,
sin más grasa, siempre firme, plano, delgado
y perfecto cual es mi absoluto deseo.
Así es y así sea.

Desinflamar el estómago 3

Yo soy quien ordena y reestructura,
soy el cirujano que no necesita bisturí.
Aquí ante el universo mismo le exijo a mi cuerpo
responder siempre en la más alta excelsitud.

Que nunca más engorde un solo gramo,
sin morir de inanición y siendo bien alimentada
en todo momento.

Que mi organismo noble y sereno reciba siempre
todo alimento en culminación.

Yo elimino toda grasa de mis caderas, mi cintura,
mis piernas, mis brazos y mi estómago.

Que nunca engorde, que bien adelgace,
que toda grasa desaparezca ya.

Yo exijo a mi estómago reacomodar los músculos
en su sitio original, liberarse de la grasa abdominal.

Que nunca engorde,
que mi piel no sea flácida nunca más,
que todo órgano regrese a donde antes se hallaba
en armonía, en elevación, sin falla alguna.

La grasa corporal desde ahora
es la enemiga principal; por tanto,
toda célula de mi organismo siempre la rechazará,
eliminándola desde ahora
en un tiempo menor a 24 horas,
cada día es este mi sincero deseo.

Así es y así siempre será.

Decretos para Adelgazar

Adelgazar 1

Yo soy el estómago que no se ensancha,
el que no engorda.
Soy quien bien se nutre sin exceso,
soy la grasa disuelta, eliminada.

Yo soy el estómago que no engorda el organismo,
que bien depura.
Así soy yo la luz universal que nunca sabe fallar.

Mi estómago es ligero, delgado y firme,
soy un vientre plano y perfecto,
como es mi mayor deseo y mi pura ley
porque aquí quien manda soy yo.
Así sea.

Adelgazar 2

Yo desprogramo toda grasa, siempre la elimino,
yo soy la belleza aplicada en perfección universal.
Así adelgazo siempre con total naturalidad,
así es y siempre será.

Yo me sustento en perfección, ordenando erradicar
y eliminar toda grasa muscular,
que sea siempre y de inmediato disuelta,
perfectamente eliminada y expulsada de mi cuerpo.

En mí no queda depósito alguno de grasa presente,
toda grasa se elimina siempre, todo mal se erradica.

Yo decreto que mi cuerpo se pone
en inmediata acción durante cada hora,
en cada momento, buscando, reconociendo
y eliminando de mi ser toda grasa presente.
Grasa corporal, yo te expulso,
te elimino definitivamente de todo mi ser.
Así es y así siempre será.

Adelgazar 3

Yo soy quien bien adelgaza con total naturalidad,
sin malestar.
Yo ingiero sólo los alimentos que requiero,
soy el cuerpo perfecto que bien se nutre,
que no se lacera, soy mi propia luz
que guía mis moléculas celulares,
aplicando en ellas toda perfección.

Yo solicito aquí que sea todo bien sanado,
que mi cuerpo adelgace en inmediatez, en corrección.

Si yo fluyo nutriendo mi cuerpo, nutriendo mis ideas,
depurando toda grasa y toda azúcar que no pueda
procesar, así adelgazo un poco cada día,
a cada momento, sin volver a engordar.

Así soy yo el perfecto cuerpo, la perfecta silueta
que siempre desde ahora me acompañará.
Así es y así será.

Adelgazar 4

Que cada molécula procese todo alimento
en excelencia, que toda grasa se elimine en excelsitud,

así adelgazo sin rezagos.
Yo soy la luz que elimina toda toxina,
todo exceso de grasa.

Yo elimino toda imperfección de mi divino ser,
soy la luz que no acepta toxinas, que libera la grasa,
derritiéndola y eliminándola en divina corrección.
Así es y así sea.

Decretos para
Combatir malestares físicos

Combatir malestares 1

Yo soy la varita morada mágica
y divina que bien me sana erradicando
de mi ser todo dolor, alejando cualquier malestar
(aquí es importante apuntar con el dedo índice justo donde reside el dolor, imaginando que este es la representación gráfica de la varita).

Yo soy la divina salud que reafirma
y sustenta mi puro bienestar.
El dolor no existe, el malestar se calma,
yo soy la perfecta salud,
sin más molestias, sin más dolores,
actuando siempre en plenitud.
Así será.

Combatir malestares 2

Yo soy la salud que es eterna, divina y perfecta,
mi ser no acepta bacterias, virus o patologías.

Yo desprogramo todo dolor, enfermedad y malestar
desarraigándolos definitivamente de toda mi realidad.
Así yo fluyo en paz, en luminosidad con mi ser dorado,
con mi ser violeta, con mi ser plateado,
que día a día se autorregulan, se autosanan.

Que nada me afecte, que nada interfiera
en el divino fluir de mi perfecta salud
Es así que la programo, es así que la quiero,
es así que la sustento, pues así será.

Combatir malestares 3

Yo soy la sanación universal que llega
a mi ser borrando de mí cualquier imperfección.
Que no existan enfermedades que me aquejen,
que no hayan malestares que se me presenten,
que nada me afecte, que nada me lacere.

Yo soy por derecho divino la perfecta salud,
es así que yo soy, pues soy la extensión de Dios,
en él fluyo, de él provengo, así me sustento
en pura salud, plena y serena, divina y tranquila.

Así fluyo programando desde ahora
en mí la perfecta salud.
Así sea.

Combatir malestares 4

Yo soy la divina luz que fluye en salud.
Mi organismo fue creado en perfección
y desde la perfección universal.
Es así que yo programo su salud, es así que la sustento,

es así que se reafirma siempre con más fuerza,
alegría y plenitud.

Que no exista enfermedad que me tumbe ni malestar
que me aqueje, que soy perfecto por divinidad,
así reconozco siempre la divina salud
que aquí se sustenta, que aquí se fija.
Así es, así será.

Combatir malestares 5

Divino fluir yo soy, divina salud yo soy.
Así se sustenta la corrección en todo mi ser.
Yo fluyo en armonía y serenidad,
yo bendigo mi ser que es perfecto, que es sano
y divino, reconociendo en cada partícula
de mi ser la luz de Dios en plenitud.

Así nada me afecta, ninguna bacteria me molesta,
ningún virus se reproduce en mi divino ser.
Yo programo mis defensas bajo la ley 1116,
ellas se reafirman, son excelsas y nada me molesta,
mi ser no acepta enfermedades ni malestares.
Así es, así sea.

Finanzas

Decreto para
Atraer dinero

Yo me multiplico en dinero, oro y alhajas,
me multiplico en perdón, amor y compasión.

Comparto las gracias universales,
las cualidades otorgadas y regaladas por el universo.

Yo bendigo mi existencia y la de todos los demás,
solicito una perfecta transmutación universal
de las finanzas de cada hogar y cada nación.

Yo pido humildemente justicia universal,
erradicar toda miseria, sanar cualquier desamor
y cualquier injusticia transformándola
en la inmejorable justicia universal.

Abundancia, ven ya a mí
y cuídame siempre en tu fiel seno.
Así es, así sea.

Decreto para
Mejorar las finanzas

Yo soy la luz que me abraza,
abrazando así todas mis finanzas,
soy el oro siempre multiplicado en cada proyecto
y en todo ingreso,
soy la sanación que hoy erradica toda deuda
y todo desmedido egreso,
soy la fuerza universal que se expande atrayendo
a mí múltiples ingresos.
Soy la presencia divina que restaura
mis ingresos elevándolos a cada momento,
soy la fuerza que cada día multiplica
mis ingresos ante toda adversidad.

Soy el ser abundante que Abundia consagra ya,
soy la perfecta sanación universal
que aleja ya la miseria y la mediocridad.

Así soy yo la voz del ángel Abundia,
al cual solicito que me instaure
en toda torrente de abundancia y reconecte
ya en esta a toda la humanidad,
sin más dolor, ambición ni imperfección.
Así es ya y siempre bien será, así es ya.

Decretos para
Atraer la abundancia

Atraer la abundancia 1

Yo soy el oro y el diamante, el petróleo y el amor.
Yo respeto siempre el divino fluir universal saneando
así toda escasez anterior, que nada precise,
que mucho reparta.

Yo soy oro y bondad, mis egresos son mínimos,
mis ingresos infinitos sin cesar, soy el puro bienestar.
Así sea.

Atraer la abundancia 2

Yo soy la voz divina de Dios que se expande
y me reconecta con toda resonancia perteneciente
al ángel Abundia.
Yo soy la plenitud económica que se dirige siempre
a mi hogar, a mi ser y a todos mis proyectos.

Yo soy la luz que irrumpe sanando todas mis finanzas
en todo momento y ante toda situación.
Yo soy la voz de Abundia
que se expresa a través de mí

y así yo soy la abundancia creciente
y constante que nadie puede derrumbar.
Yo soy la voz sagrada de Dios que sana toda finanza,
que sana todo egreso y que multiplica
en mí todo ingreso.

Así ya es en pura divinidad y siempre bien será
en todo mi ser, ante todo proyecto
y en todo ser, ante todo proyecto.

Así siempre bien será, así es ya.

Relaciones de pareja y familiares

Decretos para
Encontrar el amor

Encontrar el amor 1

Yo soy amor y bendición,
soy la gracia que se multiplica.
Yo perdono todo error pasado, propio y ajeno.
Yo soy la cicatriz que se esfuma,
que se suelta sin dejar residuos visibles.

Yo soy el divino ser que sabe siempre fluir
positivamente.
Yo soy gracia y alegría, soy el corazón que jamás
dejará de latir, brindando lo mejor de su esencia.

Yo soy así, amor, piedad, bondad y gracia universal.
Yo comparto mis elevados sentimientos,
mis dulces sonrisas, las situaciones complejas.

Yo soy alegría y piedad, gracia y abundancia,
alegría que transmuta y desaparece el dolor.
Yo soy justicia y paz que únicamente sabe amar
y fluir en el divino amor universal.

Yo me valoro, me cuido, me agradezco por existir,
reconozco en mí la más alta gracia que atrae
en perfección sólo al más sincero y puro amor.
Así es, así sea.

Encontrar el amor 2

Yo soy gracia y encanto,
alegría y bendiciones infinitas.
Soy misericordia, perdón y mi propia plenitud.
Soy alegría que me libera de cualquier dolor,
soy la paz que viene a mí y me relaja.

Yo sé que pronto mi perfecto amor junto a mí estará,
y aguardo plena de calma e ilusión.
Soy el perfecto imán que atrae sólo al genuino amor.
Yo te miro en mis sueños, te pienso en bondades
infinitas.

Yo soy dulzura y encanto,
belleza en armonía interior y exterior.
Yo soy dicha, consagración,
y te llamo en felicidad y plenitud,
soy verdad y profunda transmutación.

Mi sincero amor,
ven a mí que aguardando por ti siempre estaré
de ahora en adelante,
sabiendo que tú a mí bien vendrás.
Así es, así sea.

Decretos para

Mejorar y sanar las relaciones de pareja

Relaciones de pareja 1

Yo soy quien viaja a tu encuentro universal
en calma, con infinito amor y sincero perdón.

Nosotros hablamos, nos comunicamos siempre
en plenitud, en elevación, con respeto,
tolerancia y armonía universal.

Así estamos sustentados por el universo,
así fluimos en absoluta paz.
Que no falte gracia ni encanto.

Así estamos siempre amándonos más,
comprendiéndonos mejor,
fluyendo siempre en sincero amor.

En nosotros se restaura la confianza,
se restaura la armonía,
se renuevan los valores de esta relación.
El universo nos guía con sabiduría
para reconectarnos en perfección.

Así te amo, así me amas,
así respetamos los momentos de soledad,
los momentos de silencio,
brindándonos cada uno nuestro propio espacio,
nuestra libertad que no conoce de traiciones,
odios, mentiras ni laceraciones.

Sólo fluimos en divinidad, somos amor,
nos sustentamos en infinito amor,

pidiéndonos mutuamente perdón
por cada error cometido, por todo fallo.

Que este perdón nos sirva para volver
a conectarnos en sincera plenitud,
en perfecta expansión, con gran amor.

Así te perdono, reconociendo en ti
mis errores pasados que afectaron nuestra relación.
Somos paz, somos amor, sanación
y evolución en perfecta unidad,
bajo toda ley universal 121216.
Así siempre bien será.

Relaciones de pareja 2

Yo soy quien sabe fluir en divino perdón,
yo te sano y te libero de todo dolor,
programándote sólo en pura elevación.

Ven a mí, reconfórtame ya en plenitud, en armonía,
sinceridad y superación, en total calma,
restaurando el respeto y la gracia universal.
Ven y sólo sabrás bien fluir, aproxima tu alma
a la mía en plenitud, en completa armonía.

Que no nos falte comunicación, respeto ni encanto.
Que no nos falte ternura ni pasión,
estabilidad ni sustento universal.

Así fluimos en paz, en más afecto,
restaurando el divino vínculo
que únicamente da amor.

Así te amo, así te reconecto siempre
con mi propia divinidad.

Así estamos en absoluta paz,
respetando todo tiempo evolutivo,
todo proceso, todo cambio, en armonía,
calma y perfección.

Somos la misma evolución que no se frena,
que sabe respetar, sabe centrarse en calma,
en alegría y divinidad.
Así es y así siempre será.

Relaciones de pareja 3

Yo comprendo toda falla pasada, yo las perdono,
yo las transmuto por mi divino bienestar.
Yo sano todo dolor pasado, perdono la deshonestidad,
reconozco en cada alma sus torpezas evolutivas,
aceptando que son el fiel reflejo
de las que antes cometí.

Que los males se sanen y se olviden,
que la ira se erradique, que el desamor se sustituya
por divino amor universal.
Que nada te perturbe, te dañe ni te agobie.
Que nada me lastime ni me abrume.

Así fluimos todos desde ahora
en la pura y bendita sanación.
Que nadie te aleje del camino de la perfección,
que nadie me aleje de mi propia evolución.
Si juntos sanamos, separados sanamos.

Que el odio se olvide y la agonía se transmute.
Que sólo quede instaurado el perfecto amor
que sabrá siempre fortalecernos.
Así es, así sea.

Decreto para
Erradicar traumas familiares

Yo soy la luz que fluye y se centra en cada respiro,
soy el perdón otorgado en cada suspiro.

Yo soy paz y abundancia,
soy la magia liberada,
otorgada y sustentada.
Que todo me sane, que todo me redima.

Soy el universo que me reconforta,
sostiene, bendice y despeja.
Yo soy así el divino perdón,
la plena sanación en cuerpo físico,
cósmico, kármico, mental,
espiritual, astral y emocional.
Así es, así sea.

Decretos para
Sanar conflictos familiares

Sanar conflictos familiares 1

Que nadie lacere, que nadie odie, que nadie sufra,
que todos rían, amen y respeten siempre en divinidad.

Así te fortalezco, te resguardo,
te recuerdo, te pienso, te hablo.
Así somos la divina equidad.

Que tú perdones mis imperfecciones,
como yo perdono y sano las tuyas.
Somos equilibrio, plenitud, bienestar,

donde existe sanación, perdón y sincero amor.
Así te amparo y te programo a actuar sólo
desde tu Yo Superior.

Así me sanas y me programas
para actuar desde mi Yo Superior.

Que cada lágrima se olvide,
que las memorias celulares sanadas en prontitud,
en plenitud y perfección se apliquen
desde este instante bajo la ley de la frecuencia 1116.
Así es, así sea, desde ahora.

Sanar conflictos familiares 2

La paz se instaura en mis memorias celulares,
el amor me reconforta y me restaura.

Que se alivie todo dolor,
se erradique la incertidumbre,
acaben los temores y sane cualquier injusticia.
Que el divino escudo de Miguel
impida nuevas heridas,
justificadas o injustificadas.

Que no le agredas, que no te agreda,
que se instaure en nuestra mente
el sincero amor cósmico.
Que así fluya todo en divino respeto universal,
sin dolor, ofensas, intrigas ni injusticias.

Así es la insuperable paz que se establece a cada
instante en nuestra perfecta relación.

Así te quiero y te amo, así te respeto y me amas,
así me quieres y me respetas.

Que el amor fluya y se equilibre bendiciendo
los hogares, las sociedades,
los corazones y los pensamientos,
alejando siempre el mal de toda realidad.
Así es, así sea.

Relaciones y condiciones laborales

Cuando llegas a quedarte sin empleo entras en una angustia que, pese a ser comprensible, no resulta recomendable, ya que no sólo te permites vivir en un círculo de negatividad, sino que dejas que las bajas vibraciones y parásitos energéticos se apoderen de tu psique, gestando en tu mente pensamientos limitantes tóxicos y minimizantes, los cuales a la larga sólo te generarían mayores problemáticas.

Con la finalidad de no verte caer en estas situaciones desesperadas, te entrego los siguientes decretos.

Si bien todos están diseñados para dar resultados, en gran medida la fuerza y la absoluta confianza con las que los trabajes, aunadas a una constancia estricta, son la clave para ver resultados positivos en estas circunstancias.

En raras ocasiones los decretos darán resultados si se trabajan sin constancia y con escasas repeticiones. Por ende, no esperes resultados tras dos días de haber iniciado el trabajo con el decreto; es a largo plazo cuando podrás esperar concretar tus anhelados deseos relacionados con la situación que buscas solucionar.

Decretos para
Encontrar empleo

Encontrar empleo 1

Yo soy el ser que el perfecto empleo encuentra hoy,
soy el ser que bendice todo inicio laboral,
que es bien recibido en todo entorno laboral.

Yo soy el éxito consumado con modestia
y serenidad aceptado,
soy el ser abierto que sabe bien negociar
equilibrando todo interés personal y laboral,
soy el ser que sana todo ayer
y que cosecha en plenitud laboral.

Soy el ser que no conoce más fracasos
y que se promueve con justicia y equidad,
soy el empleado modelo que es reconocido
y siempre respetado será.

Yo soy así el ser en divinidad que transmuta
toda imperfección laboral atrayendo a mi existir
plenitud y prosperidad en mi ámbito de trabajo.

Así es ya y siempre bien será
en todo empleo y proyecto que hoy inicie,
así será en mi ámbito de trabajo
y que así sea por igual para todo ser, así será.

Encontrar empleo 2

Yo soy la justicia que hoy se hace presente,
soy la luz que repara toda imperfección relacionada

con mi ámbito de trabajo.
Soy la aceptación laboral que hoy se abre paso
en cada entrevista que realice,
soy la sanación de mi ambiente laboral.

Yo soy el empleado exitoso que escala posiciones
sin traicionar,
soy la tenacidad y la constancia en cada proyecto
que hoy me sea asignado.
Yo soy las oportunidades sustentadas
en todo cargo que ejecute,
soy la paz en mi entorno laboral
y la eficiencia por igual.

Así soy yo el ser que en sano ambiente de trabajo
sólo sabe bien crecer y un éxito laboral
en su carrera consolidará.
Así es ya y siempre bien será en mi divino
ser y en cada ser, así será.

Encontrar empleo 3

Yo invoco aquí a las ninfas de Abundia
y reclamo la atención de la propia Abundia.

Yo soy la paz y la alegría colectiva
portadoras del perfecto fluir energético
que cual viento suave acude a ampararme,
alejando de mí cualquier desaliento y miseria pasada.

Yo erradico aquí y ahora toda desesperanza,
toda ira escondida, todo desencanto.
Yo me libero de la angustia y las calumnias,
el desamparo y el desaliento.
Yo amo en mí al mismo universo,

que reconoce en mis semejantes,
mi luz interna, cuyo sincero reflejo
amo en todo momento.

Yo soy la luz violeta que viaja y transmuta
todo problema y decepción.
Yo atraigo a Abundia, yo soy en alma y figura
su esencia pura.

Yo soy la gracia que fecunda oro y grandes tesoros,
soy el bendito correr de la pura riqueza.

Yo soy petróleo, oro y diamantes,
riqueza de pensamiento, de sentimientos,
de amparo para los más necesitados,
a quienes siempre desde ahora tenderé la mano.

Yo soy plenitud y bondad sinceras,
sonrisas e infinita ternura.
Soy así, pues pleno estoy de gracias,
encanto, dicha y trabajo.

Yo me desempeño en dulzura,
asciendo con la bendita justicia atrayendo conmigo
a los más necesitados, dándoles siempre
dicha y trabajo, belleza y encanto.

Yo apelo aquí a la justicia universal,
que con un perfecto fluir sabrá mostrarme
cuál sendero habré de seguir,
en este instante él sabrá el perfecto empleo otorgarme.
Yo te bendigo, Abundia de mis encantos,
por esta gracia, que sé que desde este instante
consumada por ti, empieza a bien brotar con siete
gracias, para mis divinos hermanos.
Positivamente te he de retribuir por el perfecto empleo

que para mí pronto ha de venir.
Así es, así sea.

Decretos para
Olvidar el rencor en situaciones laborales

Olvidar el rencor 1

Yo soy dulzura, perdón, olvido y transmutación,
yo sano las heridas y las libero del dolor,
soy la mano que tiende la divina ayuda
a quien antes me ofendió.

Yo soy la verdadera bondad
que me ayuda a evolucionar.
Yo soy paz, comprensión, bondad y justicia
que se expanden y todo dolor tras de sí liberan,
transforman, perdonan, olvidan
y resarcen de cualquier mal.

Yo soy la varita mágica
que me alivia de las heridas,
que se ocupa sólo de bien amar.

Yo soy así quien se sabe liberar de la pena,
las injusticias pasadas
y las situaciones complicadas
que no busqué ni generé,
soy perfección universal que fluye en perdón,
amor y comprensión.

Así es esta divina transmutación
que desde ahora bien sabrá siempre derramarse.

Así sea.

Olvidar el rencor 2

Yo me desprendo del dolor
y los pensamientos relacionados con este trabajo.
Yo los libero de todo recuerdo relacionado conmigo,
con mi trabajo y mi energía.
Que no haya más intrigas ni calumnias,
que no sucumban ante el odio,
que el amor les sane y me sane.
Que transmuten ya toda asociación a mi persona,
a mi desempeño.
Que no me odien ni nombren,
que no piensen ni me dañen,
que se desliguen y me libren del dolor,
de la rabia, del bloqueo.

Ven ya a mi divina transmutación convirtiendo
esta penosa situación en una luz maravillosa
que para mí pronto encontrará el empleo perfecto.
Que llegue a mí sin trabas ni referencias pasadas,
sin percance, pena ni ira, con un justo sueldo,
con un justo horario, con justicia divina, en santa paz.

Aquí te libero, empresa ______________________
(poner nombre de la empresa en cuestión),
de los recuerdos, la cólera y el fracaso.
Aquí me deshago yo de ti y del desencanto,
el rencor y los obstáculos que me han frenado
e impedido que llegue mi divino empleo
y que desde ahora todo sea sanado y transmutado.
Violeta yo soy, gloriosa e inmediata transformación
otorga ya la perfecta resurrección de mis finanzas
y el trabajo ideal para mí.
Así es, así sea.

Olvidar el rencor 3

Yo me libero de esta empresa y de su vínculo energético
en la figura de cada empleado,
del propietario y todos los involucrados,
para que desde ahora nunca más pueda
obstaculizarme en llamadas telefónicas
ni en referencias, ni de manera energética.

Yo los libro de todo mi ser y me desprendo
de todo nexo con la energía de esta empresa.
Libre estoy ya de toda nefasta influencia pasada.
Esta es mi voluntad divina,
la cual exijo en perfección universal.
Así sea, así será.

Decretos para
Mejorar en el ámbito laboral

Mejorar en el ámbito laboral 1

Yo soy el sincero amor puro
y perfecto que al departamento sana.
Yo soy la sonrisa sincera que me ama
y bendigo a cada miembro del equipo,
reconociendo en su alma el verdadero Dios
que en su interior habita.

Yo soy así quien brinda respeto a todo ser
comprendiendo su pura divinidad.
Yo los amo, los respeto, los bendigo,
sano su alma y también la mía.
Yo solicito el sincero perdón

por cualquier ofensa pasada,
de este instante o de cualquier vida anterior.
Yo respeto el bendito fluir sin sufrir desgaste alguno,
libero a todo ser y energía residual de cualquier
calamidad previa.

Yo transmuto a partir de ahora todo residuo del mal,
en el perfecto bien, en el divino derramarse,
en el sincero amor que logra hacer cambios en silencio,
con honestidad personal, mental, psicológica,
espiritual y de acción.

Yo libero y erradico todo mal,
injusticia o posible intención de traición.
Yo libero el entorno de cualquier zozobra,
de cualquier mal pasado.

Yo genero y siento sólo sincero amor,
que a todos nos sane, nos redima,
encauce nuestros pasos y engendre justicia,
perdón, bondades infinitas y la perfecta intención
de vivir un mañana mejor,
todos juntos en perfecta evolución.
Así es, así sea, amparándonos en la frecuencia 1116.

Mejorar en el ámbito laboral 2

Bajo la ley asociada a la frecuencia 1116,
que todo se fortalezca, que nada quede sin perfección.
Solicito la gracia universal: que no exista más maldad,
que no se vuelva a calumniar, que nadie más interfiera
ya con bajos instintos para dañar esta inmensa gracia.

Que las guerras cesen,
que los odios se entierren,

que las intrigas se olviden.
Así es mi dulce despertar.

Yo proclamo la gracia divina apelando
a que ella viaje, a que transmute
y sane mi ambiente de trabajo.
Que no se dañe, que no se intrigue,
que no se odie ya más.
Así yo fluyo, así solicito la justicia universal.
Que se olviden rencores, odios e imperfecciones.
Que nada obstruya, que nada frene el acontecer
laboral en elevación, en perfección, en sincero respeto.

Decreto para
Mejorar las condiciones energéticas en la oficina o vivienda

Cuando la energía de una casa, departamento u oficina no es purificada del modo debido y de forma frecuente, este espacio se contamina y enferma energéticamente, lo cual representa bloqueos, soledad, depresiones y apatía en la vida de sus habitantes. Esta situación también fomenta discusiones y pleitos, todo lo cual puede agravar tus propios flujos energéticos y minar tus oportunidades.

El siguiente decreto te ayudará a evitar que una casa, departamento u oficina enferme:

Yo mantengo mi casa ordenada.
Yo evito discusiones y pleitos en su interior.

Yo transmuto las energías residuales,
colocando flores blancas naturales en mi hogar.
Yo decido no escuchar dentro de la casa

música de rock o de heavy metal.
Yo evito en lo posible invitar a mi hogar
a personas negativas o tóxicas en el aspecto emocional.

Si tengo proveedores o clientes negativos o tóxicos,
decido citarlos en la sala de juntas,
la cafetería o de preferencia acudir
a la oficina de dichas personas.

Yo decido no expresarme dentro de mi casa
con malas palabras,
ni permitir que otras personas lo hagan.
Yo limpio las energías residuales quemando incienso
de copal o sahumerio, o bien, de lavanda o perejil.

Decretos para
Combatir la negatividad en casas, departamentos y oficinas

Combatir la negatividad 1

Yo soy la energía universal vital y divina que fluye
con alegría, con Dios a mi lado y Saint Germain
en mi otro costado.

Que nada me falte, que nada trastorne la paz y la
armonía espiritual en mi hogar, oficina o comercio.
Que nunca me falte mi dulce sustento,
que todo mal sea maravillosamente transformado,
que sólo quede el amor universal.

Yo invoco a la dulce Abundia a acudir
en mi ayuda trayendo sus arcas de puro oro.
Que bien comparta y sostenga,

que me ame con su gracia y encanto,
que las doradas monedas sepa yo bien distribuir.

Que las grandezas de espíritu comparta,
que sepa amar y bien vibrar, que nada me afecte,
que nada dañe ni a mí ni a mi hogar.

Yo solicito por la gracia universal
que las siete llamas del mundo astral ardan
eternamente otorgando divino bienestar.
Que no falte amor ni pasión, suerte ni perdón,
abundancia ni sanación,
que no falte el mismo Dios.

Combatir la negatividad 2

Yo soy la llama violeta que bien transmuta,
sana y purifica mi dulce hogar.

Que mi presencia todo clarifique,
que las vibraciones se eleven
y el sustento sepa positivamente fluir sin dolor,
abusos ni traición.

Que el bien sea instaurado, apoyado y reafirmado,
que no falte amor, bondad o crecimiento espiritual.
Que el bien me mantenga,
que con amor yo guíe siempre mis pasos,
que en mi casa no se escuchen maldiciones,
sólo y constantemente bendiciones.

Que todo fluya en gracia y armonía espiritual.
Así es, así será violeta por derecho divino.
Mi hogar siempre será así, es así.

Así sea.

Combatir la negatividad 3

Yo reconozco que estás aquí,
siempre presente en mi hogar,
en mi negocio, reproduciendo y programando
en perfecta elevación las finanzas,
el amor, el bienestar.

Que toda gracia sea siempre autosustentada,
todo encanto reproducido, toda paz expandida,
todo dolor sinceramente olvidado,
toda traición absolutamente purificada.

Que no existan más odios ni desencanto,
injusticias ni abusos,
que todo sea paz pura y celestial.
Así programo bajo el manto cósmico
el bendito fluir, la perfecta metamorfosis de cada
situación.

Soy la divinidad quien comparte con Abundia,
solicitándole que se instale en mi dulce hogar,
en cada uno de mis proyectos,
comprometiéndome siempre a compartir
en total humildad las bondades recibidas
en absoluta paz y tranquilidad.
Así eres, así seas siempre, así será.

Combatir la negatividad 4

Dios, te invito a morar en mi hogar
y compartirlo siempre.
Que sea dulce y sereno, bendito y pleno,
que no conozca de escasez, angustias ni desencantos.

Así te quiero, así te amo,
así yo fluyo siempre en tu regazo.
Que nada me falte, que nada me obstruya,
que todo bien fluya siempre en gracia y armonía total.

Así me sustento, así me amparo,
así promuevo mi divino y bendito fluir.
Que nada me frene,
que nada me impida en gracia universal,
que mi sustento no escasee en mi hogar.

Siempre te encontraré en mi oficina,
tus grandes consejos escucharé.
Que todo fluya, que todo cambie,
que toda negatividad se aleje y solucione,
convirtiéndola en gracia y divino amor absoluto.

Así yo fluyo, así me sustento, así comparto
sin odios ni sobresaltos la abundancia universal.
Bien restaurada sea ya, bien sostenida siempre estará.

Así soy la mano derecha de Dios, la izquierda de Jesús,
en compañía siempre de la divina corte celestial.
Así me guío y me protejo.

Soy quien yo soy, siempre en abundancia
y gracia espiritual.
Así será.

Optimización de recursos

En esta sección comparto dos decretos para la optimización de los recursos con los que cuentes. Cabe destacar que en algunos de los decretos previos encontrarás una referencia a la frecuencia 1116, la cual es mi propia frecuencia energética. Cada hermano ascendido es dotado de una frecuencia energética particular. Puedes acudir a esta cuando necesites entregarnos una situación y por alguna urgencia no recuerdes el decreto correspondiente. Basta mencionar el número de la frecuencia específica y visualizar ese número en el color relacionado con dicho hermano ascendido. En mi caso es el 1116.

Decretos para Optimizar recursos

Optimizar recursos 1

Yo soy un bendito ser que acepta
las lecciones del mundo,
que regala sonrisas y no se desgasta.

Soy luz y expansión, optimizo mis recursos,
cualidades, aciertos, pensamientos y sentimientos.
Yo soy la fuerza que sana mis finanzas,
que transmuta todo error financiero.

Soy oportunidades infinitas,
esperanza y liberación económica.
Yo soy prosperidad que no conoce final.
Yo soy así, actuando siempre
bajo la perfecta ley de atracción.
Así es, así será.

Optimizar recursos 2

Yo optimizo mis habilidades,
mis pensamientos, mis sentimientos.

Yo optimizo mi energía, mi vida, mis acciones,
comprendiendo que todos son valiosos
para mí y para el universo en mi perfecta evolución,
olvidando ira, odio, desamor, mentira, intriga,
injusticia, crueldad u ofensa.

Yo soy mi mejor sendero, la paz infinita,
porque soy quien yo soy en hechos y pensamientos,
modificando siempre toda imperfección
y envuelto en la llama violeta,
programándome a la frecuencia 1116.

Así es, así sea.

Plantas y animales

Decretos de amor para
El cuidado y cultivo de plantas y animales

Plantas, árboles y animales1

Amada Gaia, amada mía, protege siempre
a todas tus criaturas, que bien florezcan,
que bien crezcan, que no se me mueran
hasta su divino momento.

Así te pido humildemente que las protejas,
que las liberes de toda enfermedad en pura plenitud.

Tú bien siempre las tendrás con puro amor,
con dulces cuidados, así me ayudarás.

Así será.

Plantas, árboles y animales 2

Yo los conecto aquí, queridos míos,
siempre con pura bondad,
con la gracia universal.
Que no les falte alimento, magia, encanto ni gracia.
Que sus raíces firmes sean
y en armonía sepan siempre bien crecer,
mirando al sol, amando su propio resplandor.

Que en cada momento me den flores y frutos,
alegrías y perfumes, que calmen mis dudas,
mi llanto y mi tristeza.
Que su bendita belleza reconforte siempre corazones
y sane almas encontrando la calma.

Así los programo siempre, amados míos,
para el bien fluir universal.

Así cual yo los amo, así cual yo los sustento,
así es y así siempre será.

Epílogo

Espero que este material te sea muy útil.

Debo recordarte que el pensamiento positivo, la constancia y la convicción de que lograrás resolver tus situaciones adversas, te resultarán esenciales en la tarea de optimizar el tiempo requerido para obtener resultados y la fuerza energética de estos.

Recuerda que habitas en mi corazón permanentemente.

Tu fiel hermano que anhela verte pleno en cada contexto y ritmo de tu existir, con infinito amor, tu hermano que te abraza siempre.

Saint Germain

Esta obra se terminó de imprimir
en noviembre de 2017, en los Talleres de

IREMA, S.A. de C.V.
Oculistas No. 43, Col. Sifón
09400, Iztapalapa, D.F.